Topos Taschenbücher
Band 188

Vom gleichen Autor sind erschienen

Für die Gottesdienstgestaltung
Bausteine für Familiengottesdienste. Die Evangelien der Sonn- und Feiertage in Symbolen, Geschichten, Spielen und Bildern; jeweils für die Lesejahre A, B und C und Besondere Anlässe im Kirchenjahr; Seniorengottesdienste 1: 177 Gottesdienste für ältere Menschen und andere Altersgruppen; Bd. 2 mit 166 Vorschlägen; 111 Bausteine für Gottesdienste mit 3-7jährigen und religiöse Feiern im Kindergarten; Gottes Spur in der Schöpfung. 200 Ideen für Feriengottesdienste und Freizeiten; 2 x 11 Bußfeiern mit Gegenständen aus dem Alltag; 3 x 7 Bußfeiern ...; Umkehr. 25 Bußfeiern ...

Predigtbücher mit Zeichen und Symbolen aus dem Alltag
133 Kinderpredigten; 144 Zeichenpredigten; 99 Kinderpredigten; 122 Symbolpredigten; 88 Symbolpredigten; Anschauliche Predigten für Kinder-, Jugend- und Familiengottesdienste.

Geschichtensammlungen für die Gemeindepraxis
Kurzgeschichten 1: 255 Kurzgeschichten für Gottesdienst, Schule und Gruppe. Bd. 2 mit 222, Bd. 3 mit 244, Bd. 4 mit 233 und Bd. 5 mit 211 Kurzgeschichten; Geschichten als Predigten; In Geschichten der Leben spiegeln, Band 1. 140 Geschichten mit Anregungen für Gottesdienst, Schule und Gruppe.

Für Gruppen und Schule
33 Gruppenstunden für Ministranten, geeignet auch für Schule, Kinder- und Jugendarbeit; 27 Modelle für Gruppenstunden und Religionsunterricht; Religiöse Spiele für Gottesdienst und Gruppen. Band 1 und 2; 77 religiöse Spielszenen; 9 x 9 Spielszenen für Gottesdienst, Schule und Gruppe.

Glaubensvermittlung
Von der Schöpfung, Gott und Jesus erzählen. 100 Ideen für 3-7jährige; Glaube trägt. Kleiner Katechismus für junge und erwachsene Christen.

Bücher **zu den Sakramenten** – mit Geschichten: Siehe Seite 106
Geschichtensammlungen als **Bildband**: Siehe Seite 107.

Gesamtauflage über 900000.

Willi Hoffsümmer

Geschichten für Kranke

Topos Taschenbücher

Zeichnungen von Karl Heinz Hamacher

4. Auflage 1997

Umschlag: Heilung des Aussätzigen (um 1040), Ms 9428 fol. 23 recto.

Satz: Roddert Fotosatz, Mainz
Druck und Bindung: Clausen & Bosse, Leck
ISBN 3-7867-1419-3

Inhalt

Deutung des Titelbildes „Heilung des Aussätzigen“

Der Aussätzige wurde vom Maler dicht an den Rand plaziert: Fast jeder Kranke kann erkennen, wie schnell die hektische Welt an ihm vorbei die Wege sucht und er als Kranker plötzlich an den Rand gedrängt ist. Bei einer Krankheit, die lange andauert, kann ich die Freunde zählen! Der Aussätzige hält Jesus trotz seiner Isolation die Hände hin: Er setzt sein ganzes Vertrauen auf Jesus und kann (deshalb?) geheilt werden.

Jesus kommt vom Berg herunter, d. h. aus der Nähe Gottes, sieht den Kranken und durchbricht alle gesellschaftlichen Regeln: Er berührt den sozial nicht mehr anerkannten, sogar unerwünschten Menschen mit seiner ansteckenden Krankheit. Jesus geht ganz nahe zu ihm und überwindet jede Ausgrenzung, die heute besonders Aids-Kranke in ihrer sozialen Exkommunikation zu spüren bekommen. Die übergroß gezeichnete Hand Jesu deutet an, daß sie auch am Ende des Lebens zu neuem Leben auferwecken kann.

Hinter Jesus steigen zwei Jünger, d. h. die Kirche, aus der Nähe Gottes in die irdische Wirklichkeit: Auch sie sollen Menschen heilen und aufatmen lassen und nicht mit viel Papier und toten Gesetzen verwalten.

Die vielen Zuschauer ganz links oben, die eigentlich auch die Nähe Gottes auf dem Berge suchen, richten ihre Augen weit in die Ferne, vorbei an Krankheit und Leid. Diese Zeitgenossen scheinen Berührungsängste zu haben oder haben bei ihren Plänen und Geschäften einfach keine Zeit, den Berg hinabzusteigen, um zu helfen und zu heilen. Hoffentlich lernen wir durch die Erfahrungen einer Krankheit auch, dieser Selbstgefälligkeit und Gleichgültigkeit in gesunden Tagen nicht mehr zu verfallen.

Hinführung: Der Weg nach innen

Jetzt, da ich diese Zeilen schreibe, ist es genau zwei Jahre her, daß ich selbst auf der Intensivstation lag. Eine Notoperation riß mich aus all meinen Planungen. Ich erinnere mich noch gut: Welche Freude erfüllte mich, als mich das Ärzteteam endlich von meinen Schmerzen erlöst hatte! Ich hätte vor der Operation noch mehr Unterschriften geleistet, wenn mir ein weiteres Formular mit den üblichen Absicherungen vorgelegt worden wäre! Wie dankbar war ich, als mich am Morgen nach der Operation eine Krankenschwester sehr liebevoll und behutsam um all die Infusionsschläuche und Kabel herum wusch. Wie armselig und nackt — im wahrsten Sinne des Wortes — lag ich vor ihr!

Aber wie schnell ist vergessen, was ein aufgeschütteltes Kissen oder ein mit Franzbranntwein eingeriebener Rücken für eine Wohltat ist, wenn das Leben neu geschenkt wird und ich in das Karussell der Verpflichtungen zurückkehren darf. Und doch: Ich kehrte anders zurück. Ich hatte Zeit, nachzudenken. Ich war auf einer Reise „nach innen".

Und hier möchte ich Sie, liebe Kranke, einladen, ein Stück mit mir zu gehen. Ich möchte mich nicht aufdrängen, und ich weiß ja auch nicht, was vor Ihnen steht oder was Sie hinter sich haben. Ich spüre nur, Krankheit ist auch eine Chance: Die Chance, nach innen zu reisen; mehr Überblick, mehr Sinn zu finden.

Mich hat immer fasziniert, daß es für die Inder fünf Himmelsrichtungen gibt: Osten, Süden, Westen, Norden — wie wir sie auch kennen —, die fünfte Himmelsrichtung aber geht von diesen vier auf mich zu, zu meiner Mitte hin. In diesem Buch soll nun symbolisch eine Spirale diese Reise nach innen veranschaulichen.

Der verstorbene Kardinal Joseph Höffner hat in einem seiner Hirtenbriefe einmal die Spirale in der *christlichen* Weltanschauung gedeutet: „Wir sind alle ‚religiös' unterwegs. Einige sind mit der Gnade Gottes vielleicht nahe der Mitte, die Jesus Christus selber ist. Andere stehen noch draußen und suchen nach dem Eingang. Wieder andere sind auf dem Weg zur Mitte, andere auch auf der Flucht vom Innern der Spirale wieder nach außen ..."*
Mindestens den Eingang der Spirale glaube ich gefunden zu haben. Gehen Sie mit – Schritt für Schritt? Eine Reihe von Kurzgeschichten sind uns auf dieser „Reise nach innen" eine Hilfe.

Auf dem Weg zur Mitte: Die Hoffnung ist unbezwingbar

Hoffnung liegt in jedem Menschen, ob er nun an Gott glaubt oder nicht. Die Hoffnung, daß alles gut wird, ist eigentlich wie eine kleine Schwester zwischen den großen Tugenden Glaube und Liebe. Aber diese beiden kann ich in Zweifel und Bitterkeit verlieren! Nur die Hoffnung ist unbezwingbar:

Unbezwingbar

Meine Schläge, gab das Schicksal in einem Interview zu, sind hart, und meine Rechte ist ebenso gefürchtet wie meine Linke. Treue, Glaube, Liebe, kurz, auch die schwersten Brocken habe ich auf die Bretter geschickt, und sie wurden sämtlich ausgezählt. Nur mit einem habe ich bisher nicht fertig werden können: sooft ich ihn auch k.o. schlage und davon überzeugt bin, daß er nun endgültig ausgezählt auf dem Boden liegen bleibt — spätestens bis „neun" ist er wieder auf den Beinen. Und wer, fragte der Interviewer, ist dieser Unbezwingbare? Die Hoffnung, sagte das Schicksal.

Hellmut Walters

Bei einer Bibelübersetzung suchte ein protestantischer Missionar bei den Papuas in der Südsee lange nach dem richtigen Ausdruck für dieses Wort „Hoffnung" in der Sprache der Einheimischen. Eines Tages mußte er sein eigenes neugeborenes Kind beerdigen. Ein Papuajunge, der zusah, sagte später: „Ich habe dich gar nicht weinen sehen!" Der

Missionar gab zur Antwort: „Warum denn? Wir werden uns wiedersehen!“ Da sagte der Junge mehr für sich: „Ja, ich hörte es. Ihr Christen schaut über den Horizont hinaus!“

Über den Horizont hinausschauen ... Ja, jetzt wußte der Missionar, wie er das Wort „Hoffnung“ zu übersetzen hatte.[1]

Der göttliche Funke der Hoffnung in uns kann uns über den Horizont hinausschauen lassen. Suche und finde ich diesen Blick, kann große innere Ruhe über mich kommen. So ist die Hoffnung ein wichtiger Begleiter auf unserem Weg nach innen. Und die Träume davon und Gottes Verheißung, daß alles gutgehen wird, bedeuten eine große Hilfe.

Denken wir dabei an einen Steinmetz: Er muß vielleicht hundertmal auf dieselbe Stelle schlagen, ohne daß auch nur der kleinste Riß sichtbar wird. Aber dann, beim hundertundersten Schlag springt plötzlich der Stein entzwei. Doch nicht dieser letzte Schlag bringt den Erfolg, sondern die hundert, die vorhergingen.

Hoffnung hatten auch die Israeliten, wenn sie von ihrer Befreiung aus der Gefangenschaft träumten. Als der Tag der Entlassung kam, konnten sie mit Tränen in den Augen jubeln:

Als der Herr das Los der Gefangenschaft Zions wendete,
da waren wir alle wie Träumende.
Da war unser Mund voll Lachen
und unsere Zunge voll Jubel.
Da sagte man unter den anderen Völkern:
„Der Herr hat an ihnen Großes getan.“
Ja, Großes hat der Herr an uns getan.
Da waren wir fröhlich.

Wende doch, Herr, unser Geschick,
wie du versiegte Bäche wieder füllst im Südland.
Die mit Tränen säen, werden mit Jubel ernten.
(Aus Psalm 126)

Mögen auch Ihre Träume Wirklichkeit werden!

Und doch möchte ich auch Ihr gerütteltes Maß an Hoffnungslosigkeit ernstnehmen. Sie kann zum Beispiel einen Menschen gefangen halten, der nach der Operation erwacht und weiß, jetzt ist mein Bein unwiederbringlich fort. Hier kann erst langsam diese unbezwingbare Hoffnung wachsen, wenn einer ein Stück des Weges mitgeht und auch das hoffnungslose Gefühl mit durchhält.

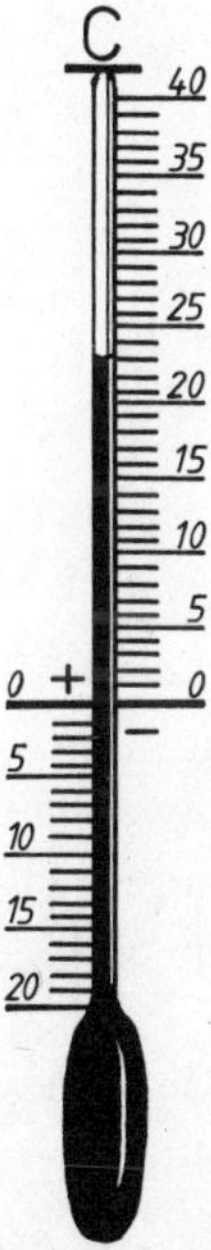

→ zu hohe Temperatur:
Überheblichkeit =
Ich habe Gott und die Mitmenschen nicht nötig.

→ hier liegt Hoffnung richtig:
Auf Gott, mich selbst und die Mitmenschen vertrauen.

→ zu tiefe Temperatur:
Verzweiflung =
Das Leben wegwerfen wollen.

An dieser Stelle zeigt sich die Grenze meines geschriebenen Wortes: Jeder einzelne hat seine eigene und unverwechselbare Krankheitsgeschichte; jeder wird aufgrund seiner Lebenserfahrungen und Glaubensüberzeugung anders mit seiner Krankheit umgehen. Um Ihnen gerecht zu werden, müßte ich erst lange an Ihrem Bett sitzen, zuhören, mitleiden und dann vielleicht auch mit Worten Trost spenden. Sehen Sie es mir deshalb nach, wenn ich mich aus der Entfernung zu schnell mit einer Antwort aufdränge und Ihnen nur wenig Zeit lasse, die eigenen Schätze im Innern zu suchen, zu entdecken und zu heben.

Auf dem Weg zur Mitte: Der lange Mut = die Geduld

Man braucht viel Geduld,
ehe man Geduld mit sich selbst hat.
Wolfdietrich Schnurre

Wir warten auf die Visite und den günstigen Augenblick, um unsere wichtige Anfrage an den Chefarzt loszuwerden: „Wann darf ich wieder nach Hause?“ Und dann saugen wir seinen Gesichtsausdruck regelrecht in uns hinein und — müssen oft mit einer Enttäuschung fertig werden.
Manchmal benehmen wir uns dabei wie der Bauer, der nicht warten konnte und auf seinem Acker alle kleinen zarten Halme in mühsamer Arbeit etwas in die Höhe zog. Er

zerstörte dadurch alles, ja, und mußte dazu noch den Spott seiner Umgebung ertragen.

Geduld ist die Kraft, etwas zu tragen, das man eigentlich nicht tragen will: unter einer Last zu bleiben, die man gerne abwerfen möchte. Dazu braucht es einen langen Mut, darum hieß die Geduld früher: Langmut.

In dem Erfolgsroman „Momo" von Michael Ende gibt es eine schöne Kurzgeschichte, die uns veranschaulicht, was gemeint ist:

Beppo, der Straßenkehrer

Beppo, der Straßenkehrer, tat seine Arbeit gern und gründlich. Er wußte, es war eine sehr notwendige Arbeit. Wenn er die Straßen kehrte, tat er es langsam, aber stetig: bei jedem Schritt einen Atemzug und bei jedem Atemzug einen Besenstrich. Schritt — Atemzug — Besenstrich, Schritt — Atemzug — Besenstrich. Dazwischen blieb er manchmal ein Weilchen stehen und blickte nachdenklich vor sich hin. Und dann ging es wieder weiter — Schritt — Atemzug — Besenstrich — — —.

Während er sich so dahinbewegte, vor sich die schmutzige Straße und hinter sich die saubere, kamen ihm oft große Gedanken ... Nach der Arbeit, wenn er bei dem Mädchen Momo saß, erklärte er ihr seine großen Gedanken. Und da sie auf ihre besondere Art zuhörte, löste sich seine Zunge, und er fand die richtigen Worte.

„Siehst du, Momo", sagte er dann zum Beispiel, „es ist so: Manchmal hat man eine sehr lange Straße vor sich. Man denkt, die ist so schrecklich lang; das kann man niemals schaffen, denkt man." Er blickte eine Weile schweigend vor sich hin, dann fuhr er fort: „Und dann fängt man an, sich zu eilen. Und man eilt sich immer mehr. Jedesmal, wenn man aufblickt, sieht man, daß es gar nicht weniger wird, was noch vor einem liegt. Und man strengt sich noch mehr an, man kriegt es mit der Angst, und zum Schluß ist man ganz außer Puste und kann nicht mehr. Und die Straße liegt immer noch vor einem. So darf man es nicht machen." Er dachte einige Zeit nach. Dann sprach er wieder: „Man darf nie an die ganze Straße auf einmal denken, verstehst du? Man muß nur an den nächsten Schritt denken, an den nächsten Atemzug, an den nächsten Besenstrich. Und immer wieder nur an den nächsten." Wieder hielt er inne und überlegte, ehe er hinzufügte: „Dann macht es Freude, das ist wichtig, dann macht man seine Sache gut. Und so soll es sein." Und abermals nach einer langen Pause fuhr er fort: „Auf einmal merkt man, daß man Schritt für Schritt die ganze Straße gemacht hat. Man hat gar nicht gemerkt wie, und man ist nicht außer Puste." Er nickte vor sich hin und sagte abschließend: „Das ist wichtig."[2]

In der Feuersglut der Krankheit und Schmerzen:
Warten können – bis das Eis der bitteren Enttäuschungen und schlechten Erfahrungen schmilzt.
Warten können – bis ich einen Sinn erkenne.
Warten können – bis mein großes Ich immer mehr stirbt.
Warten können – bis ich hin und wieder spüre, daß Gott mir ganz nahe ist.

Ein Sprichwort sagt: „Geduld bringt Rosen, aber vorher die Knospen." Auch in Schnee und Kälte sind die Knospen schon angelegt. Sie warten beharrlich, bis es wieder Frühling wird: Sie haben wirklich langen Mut.

In mir ist es finster, aber bei dir, Herr, ist das Licht.
Ich bin einsam, aber du verläßt mich nicht.
Ich bin kleinmütig, aber bei dir ist Hilfe.
Ich bin unruhig, aber bei dir ist der Friede.
In mir ist Bitterkeit, aber bei dir ist Geduld.
Ich verstehe deine Wege nicht.
aber du weißt den Weg für mich.

Dietrich Bonhoeffer[3]

Mit der Geduld im Handgepäck kommen wir in der Spirale ein ganz schönes Stückchen weiter!

Es kann sein, daß auch dieser Schritt der Geduld für Sie zu früh kommt. Vielleicht herrschen in Ihnen noch die Gefühle der Angst, Schmerzen, Ungewißheit und Verzweiflung vor: Als Reaktion auf eine Krankheit zunächst völlig natürlich. Erleben Sie diesen inneren Protest, die Verbitterung und das Hadern mit Gott ruhig ohne Gewissensbisse! Eine schwere Krankheit ist ein Prozeß mit vielen Phasen, die durchlitten werden müssen. Die Ärztin Kübler-Ross hat fünf herausgefunden. Versuchen Sie festzustellen, wo Sie stehen:

> Ich will die Krankheit nicht wahrhaben — ich versuche, sie zu verdrängen.
> Ich bin wütend und ärgerlich — ich versuche, alles von mir zu weisen.
> Ich verhandle und feilsche — mit mir, der Welt und mit Gott.
> Ich werde depressiv und widerstandslos — ich resigniere.
> Ich nehme die Krankheit an — Teil meines Lebens, den ich positiv bewältigen will.

Ursprünglich hat Kübler-Ross diese Phasen im Ringen der Sterbenden beobachten können, aber sie sind durchaus auf den langen Prozeß zu übertragen, der mir abverlangt wird, bis ich „Ja“ zu meiner Krankheit sage. All diese Gegebenheiten sind mir bewußt. Sie erfordern Zeit. Und doch möchte ich jetzt ein Stück des Weges weitergehen.

Auf dem Weg zur Mitte: Das Leid neben mir

Krankheiten sind Schlüssel, die uns gewisse Tore öffnen können. Die noch nie krank waren, sind zum Beispiel des Mitgefühls für eine ganze Anzahl Elendszustände nicht fähig.

André Gide

Den folgenden Schritt sollten Sie nur tun, wenn Sie auf dem Wege sind, Ihre Krankheit anzunehmen; denn dann weitet sich wieder der Blick. Ich darf Ihnen versichern, daß ich Ihre Krankheit und Ihr Kreuz ernst nehme. Es bedrückt Sie ja schwer. Und Sie müssen sie auch ernst nehmen und lernen, damit umzugehen, sonst vertröste ich Sie nur mit dem schweren Leid anderer. Sonst bleibt auch die Gefahr der Oberflächlichkeit: Ich habe beispielsweise den Arm mehrfach gebrochen und muß später wieder ins Krankenhaus, bis die Nägel herausoperiert sind. Dabei beobachte ich einen Mann neben mir mit amputiertem Arm. Das läßt mich meine Not einordnen, und meine Erfahrung läge noch tiefer, wenn ich erkennen würde, daß dieser Mann die Chance hat, ohne Arm viel positiver und heiler zu leben.

Du weißt nicht,
wie schwer die Last ist, die du nicht trägst.

Ich weinte, weil ich keine Schuhe hatte.
Bis ich einen Mann traf, der keine Füße hatte.
Helen Keller

„Ich wußte bis jetzt gar nicht, daß es so viel Elend gibt!" sagen mir oft Kranke. Gibt es überhaupt ein Dach, unter dem es kein Leid gibt? Mit Sicherheit wohnt dort keiner! Wahrscheinlich wäre die Welt zufriedener, wenn wir eine Woche lang unsere Kreuze austauschen könnten.
So ist im Mittelalter die Legende entstanden, daß Gott einmal Erbarmen hatte mit einem Menschen, der sich über sein schweres Kreuz beklagte. Und er durfte sich in einem großen Raum, in dem alle Kreuze der Menschen aufgestellt waren, ein neues suchen. Aber als er ein ganz kleines aufheben wollte, da war es schwer wie Blei. Ein anderes dünnes hatte genau an der Stelle, wo es auf der Schulter auflag, eine scharfe Dornenspitze. Schließlich fand er eins, das hatte er übersehen, so versteckt stand es: Das war nicht zu schwer, nicht zu leicht, so richtig handlich und wie geschaffen für ihn. Das wollte er in Zukunft tragen. Erst als er näher hinschaute, merkte er, daß es sein eigenes Kreuz war, das er bisher getragen hatte.

Du bist nie zufrieden? Dann geh mit mir in die Klinik!
Ich zeige dir Menschen, die von einem Tag auf den anderen nach einem Unfall sich umstellen müssen.
Gestern noch gesund, heute gelähmt!
Sie hatten viele Pläne.
Nun müssen sie plötzlich auf vieles verzichten ...

Geh mit mir!
Ich zeige dir Menschen in einer psychiatrischen Klinik,
die wochenlang, monatelang krank sind,
und niemand besucht sie.

Komm mit in ein Altersheim!
Ich zeige dir Menschen, die nur noch der Erinnerung leben.
Sie sind glücklich über jeden Brief, über jeden Gruß,
über ein wenig Zeit, die du ihnen schenkst ...

Nach Martin Gutl[4]

Gerade in einer Klinik wird uns anschaulich vor Augen geführt, wieviel schwerer andere zu tragen haben. Und was uns besonders weiterhilft, ist die Beobachtung, wie es manche tragen!
Auch Kranke, die einmal im Marienwallfahrtsort Lourdes waren, kehren selten geheilt zurück, obwohl die Hoffnung auf ein Wunder sicherlich mitgeschwungen hat. Und doch geschieht in der Regel ein Wunder: Sie kehren zufriedener und getröstet zurück, auch weil sie schlimmeres Leid gesehen haben.
Darum ist der Hinweis: „Bist du einsam, so besuche einen, der noch einsamer ist als du!" nicht der schlechteste. Das will auch die folgende Geschichte ausdrücken:

Das Zauber-Senfkorn

Eine alte chinesische Legende erzählt von einer Frau, deren Sohn starb. In ihrem Kummer ging sie zu einem heiligen Mann und fragte ihn: „Welche Gebete und Beschwörungen kennst du, um meinen Sohn wieder zum Leben zu erwekken?" Er antwortete ihr: „Bring mir einen Senfsamen aus einem Hause, das niemals Leid kennengelernt hat. Damit werden wir den Kummer aus deinem Leben vertreiben."

Die Frau begab sich auf die Suche nach dem Zauber-Senfkorn. Auf ihrem Weg kam sie bald an ein prächtiges Haus, klopfte an die Tür und sagte: „Ich suche ein Haus, das niemals Leid erfahren hat. Ist dies der richtige Ort? Es wäre wichtig für mich." Die Bewohner des Hauses antworteten ihr: „Da bist du an den falschen Ort gekommen", und sie zählten all das Unglück auf, das sich jüngst bei ihnen ereignet hatte. Die Frau dachte bei sich: „Wer kann diesen armen unglücklichen Menschen wohl besser helfen als ich, die ich selber so tief im Unglück bin?" Sie blieb und tröstete sie.

Später, als sie meinte, genug Trost gespendet zu haben, brach sie wieder auf und suchte aufs neue ein Haus ohne Leid. Aber wo immer sie sich hinwandte, in Hütten, in Palästen, überall begegnete ihr das Leid. Schließlich beschäftigte sie sich ausschließlich mit dem Leid anderer Leute. Dabei vergaß sie ganz die Suche nach dem Zauber-Senfkorn, ohne daß ihr das bewußt wurde. So verbannte sie mit der Zeit den Schmerz aus ihrem Leben.

Diese Frau hat in der Begegnung mit den anderen ihren eigenen Schmerz verarbeiten können. Sie gewann Distanz zu ihrem Verlust, indem sie neue Aufgaben entdeckte. Wir kommen auch mit uns selbst weiter, wenn wir uns um die Patienten rechts und links kümmern: Was ich nicht kann, bereitet einem anderen schon keine Mühe mehr; und was der andere noch nicht vermag, ist für mich leichter. Ungesund und falsch wäre es, den eigenen Schmerz nur in das Leben anderer zu übertragen, zu projizieren und erst — wie es hin und wieder geschieht — über einen „helfenden Beruf" mit dem eigenen Leid fertig zu werden.

Die folgende Geschichte zeigt eine weitere Stufe: Zwei Menschen haben ihre Behinderung angenommen und ergänzen einander mit ihren verbliebenen Möglichkeiten. Eigentlich befinden sich diese beiden in der Spirale ihres Lebens längst „geheilt“ auf dem Rückweg!

Der Blinde und der Lahme

Ein Blinder und ein Lahmer wurden von einem Waldbrand überrascht. Die beiden gerieten in Angst. Der Blinde floh aufs Feuer zu. Der Lahme rief: „Flieh nicht dorthin!“ Der Blinde fragte: „Wohin soll ich mich wenden?“ Der Lahme: „Ich könnte dir den Weg vorwärts zeigen, so weit du wolltest, da ich aber lahm bin, so nimm mich auf deine Schultern, damit ich dir angebe, so du den Schlangen, Dornen, dem Feuer und anderen Gefahren aus dem Weg gehen kannst, und damit ich dich glücklich in die Stadt weisen kann.“ Der Blinde richtete sich nach des Lahmen Worten, und so gelangten die beiden wohlbehalten in die Stadt.

Auf dem Weg zur Mitte: Die Krise als Chance

1. Leid kann herausfordern

Viele Menschen entwickeln ungeheure Kräfte, um mit ihrer Krankheit fertigzuwerden. Ein Beispiel:
Jim war Sportler, kerngesund, mit athletischem Körperbau. Er fing gerade mit dem Sportstudium an, da begann er zu hinken. Untersuchungen zeigten, daß er Krebs hatte. Eine Operation war unumgänglich; sein Bein wurde amputiert. Nachdem er das Spital verlassen hatte, humpelte er auf Krücken zur Hochschule, lachte und scherzte mit seinen Kameraden und machte sich sogar oft über sein hölzernes Bein lustig.
Jim hat immer gewußt, wie es um ihn stand. Dennoch nutzte er sein kurzes Leben (er starb an Leberkrebs), um Mut, Vertrauen auf Gott und Fröhlichkeit zu entwickeln; nicht nur in sich selber, sondern bei allen, die mit ihm in Berührung kamen.[5]
Nicht nur Jims Krankheitsgeschichte läßt mich an die Richtigkeit folgender Geschichte glauben:

Leid kann stark machen

Ein Mensch konnte nichts Schönes und Gesundes sehen. Als er in einer Oase einen jungen Palmbaum im besten Wuchs fand, nahm er einen schweren Stein und legte ihn der jungen Palme mitten in die Krone. Mit einem hämischen Lachen ging er davon. Aber die Palme versuchte, die Last abzuwerfen. Sie schüttelte und bog sich. Vergebens. Sie krallte sich tiefer in den Boden, bis ihre Wurzeln verborgene Wasseradern erreichten. Diese Kraft aus der Tiefe und die Sonnenglut aus der Höhe machten sie zu einer königlichen Palme, die auch den Stein hochstemmen konnte.

Nach Jahren kam der Mann wieder, um sich an dem Krüppelbaum zu erfreuen. Da senkte die kräftigste Palme ihre Krone, zeigte den Stein und sagte: „Ich muß dir danken. Deine Last hat mich stark gemacht!"

Nach Pater Franz Gypkens

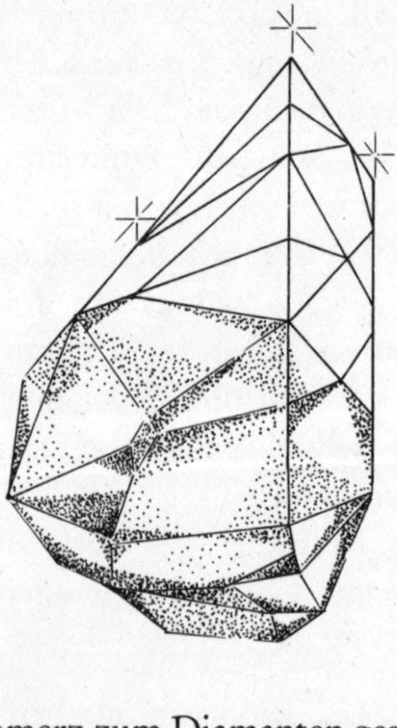

Wenn wir im Schmerz zum Diamanten geschliffen werden, fragen wir „Warum?" Erst der „Schliff" macht uns kostbarer.

Gott hat die Seelen der Gerechten geprüft
und fand sie seiner würdig.
Wie Gold im Schmelzofen hat er sie erprobt.
(Weish 3, 5b.6a)

Leid *kann* stärker machen. Denn ich bin auch schon Menschen begegnet, die daran zerbrochen sind. Einer der Gründe ist sicherlich im Selbstmitleid zu suchen. Norman Vincent Peale drückt es so aus: „Obwohl die gewaltige Kraft positiven Denkens und Gottvertrauens allen Menschen offensteht, glauben noch viele, sie können sich nicht ihrer bedienen. Der Grund liegt in einer seltsamen psychologischen Barriere. Solche Menschen wollen ihren Zustand gar nicht ändern. Sie haben Angst vor einem Fortschritt, denn es ist viel einfacher, sich selbst zu bemitleiden. Sie weisen ... alles von sich, was den bequemen Zustand der Selbstbemitleidung beenden könnte ...“[6]

2. Augen, die geweint haben, sehen besser

- Geschenke und Blumen können uns erfreuen, aber viel wichtiger sind Menschen, die sich Zeit nehmen und zuhören können.
- Wir lernen — besonders bei langer Krankheitsdauer — die wirklichen Freunde zu zählen.
- Wir erkennen, daß oft die scheinbar Hilfloseren die eigentlichen Helfer sind.
- Der Schmerz macht uns sensibler für das kleine Glück am Wege: das freundliche Lächeln der Krankenschwester, das leise gestellte Radio am Nebenbett, das rücksichtsvolle Darüber-Hinweggehen, wenn wir das Bettzeug verschmutzt haben, das behutsame Gewaschen-Werden, das frisch aufgeschüttelte Kissen, das Gespräch mit einem, der wirklich zuhört.

Tränen waschen den Staub von der Seele.
Tränen können die Mauer des Schweigens durchbrechen.
Darum, Herr, schenke uns die Gabe der Tränen!

Was damit gemeint ist, umschrieb eine Krankenschwester, die das Manuskript dieses Büchleins las, folgendermaßen: „Daß Tränen eine große Erleichterung bringen können, haben wir in sieben Monaten oft erfahren: Meine Freundin, Lehrerin, 58 Jahre. Unklare Beschwerden, Diagnose: bösartigste Form von Krebs. Wir trugen alles gemeinsam, sahen alles mit anderen Augen an, lebten intensiver. Wir machten alle Stadien durch: Hoffen wider alle Hoffnung. Gott anflehen, er möge die Chemotherapien wirken lassen. Dann Ergebung in Gottes Willen! Die letzten sieben Wochen lag sie bei mir zu Hause. In meinen Armen ist sie friedlich zu Gott heimgegangen. Je mehr ihre körperlichen Kräfte abnahmen, desto mehr wuchs sie über sich hinaus im tapferen Ertragen ihrer Schmerzen. — Vier Jahre sind seither vergangen, aber dieses ihr Leiden hat auch mich reifer werden lassen, und seither sehe ich die Kranken, Schwerkranken und Sterbenden mit anderen Augen."

3. Eine Krankheit kann mein Leben ändern

Es ist oft ein langer Prozeß, bis ein Kranker gelassener und dankbarer seinen Weg gehen kann und intensiver leben lernt. Ein Mitbruder, Krankenhausseelsorger, schrieb mir von einer Frau, die er lange Zeit begleitet hatte und der eine Brust amputiert worden war:
„Zuerst das Entdecken eines Knotens, Angst bei den Untersuchungen, Diagnose und Prognose, Einwilligung in eine Operation, in der alles möglich ist; denn du gehst hin und weißt nicht, was der Operateur machen wird. Aufwachen

und — er hat amputiert! Nach einigen Wochen Anschauen der Wunde, das Entsetzen beim Anblick des verstümmelten Körpers, erste gymnastische Übungen, das Bewußtwerden, was alles stark eingeschränkt ist ..."

Jeder muß langsam erlernen, die Welt und sein Ich etwas mehr loszulassen. Gezwungenermaßen. Einen Vorgeschmack bekam ich davon, als meine letzte Krankheit so aus heiterem Himmel zuschlug: Die ganze Nacht rang ich mit mir; denn ich sollte doch am folgenden Morgen nach Stuttgart, um meinen Bruder zu trauen. Und tags darauf stand eine Tagung in der Diözese Osnabrück im Terminkalender. Das ging doch alles nicht ohne mich! Aber es ging doch alles ohne mich!! Ich verstand nachher die Worte besser, die mir von Papst Johannes XXIII. bekannt waren: „Nimm dich nicht so wichtig!" Was doch alles möglich ist — ohne uns, wenn es uns „erwischt"! Wir lernen ja zu sagen zu unserer Ohnmacht, zur Abhängigkeit von der Gemeinschaft, zur stark eingeschränkten Bewegungsfreiheit ...

Die Dichterin Kyrilla Spiecker faßt diese Lebenserfahrung in folgende Worte:

Greifen und festhalten kann ich seit der Geburt.
Teilen und schenken mußte ich lernen.
Jetzt übe ich das Lassen.

Bereits in der rabbinischen Schriftauslegung, im Midrasch, ist nachzulesen: Wenn der Mensch geboren wird, hat er die Hände zusammengeballt, als wolle er sagen: „Ich erobere die Welt." Wenn er stirbt, sind seine Hände ausgestreckt, als wolle er sagen: „Ich habe nichts zurückbehalten; alles gehört dir, o Gott."

Krankheit hilft mir dabei, abzugeben — loszulassen. Sie macht uns auch hellsichtiger: Wenn ich zum Beispiel beob-

achte, wie mein Partner mitfühlend auf mein Stöhnen reagiert, wie behutsam er mir die Tasse an den Mund hebt, mich zur Toilette führt oder das zu grelle Licht abdunkelt ... Hat dies alles nicht zur Folge, daß ich ihm dann als wieder Genesender mit liebevolleren Augen begegne?
Noch einmal: Leid, bewußt erlebt, kann den Kranken reifer machen. Und auch seine Umgebung lebt bald anders, wenn sie ihn so erfährt. Zur Veranschaulichung erzähle ich Ihnen von den letzten Jahren eines großen Malers:

Reif werden im Leid

Der große Maler Renoir versuchte in seinen Bildern die Natur, das Licht, die Freude zu schildern. Er hat lichtüberflutete Landschaften gemalt, Kinder, Frauen, Früchte. Um 1900 stand er auf dem Höhepunkt seiner künstlerischen Laufbahn. Da wurde er von starken rheumatischen Beschwerden befallen. Er wurde Invalide, mußte in den Rollstuhl, mußte getragen und gefahren werden. Aber das hinderte ihn nicht am Weiterschaffen, am Malen und Zeichnen. Einige seiner großen Werke entstanden erst in dieser Zeit — trotz seiner körperlichen Behinderung. Renoir blieb im Süden Frankreichs, in der Sonne von Nizza. Er wurde zum ärztlichen Phänomen. Ein Zeitgenosse schrieb: „Der Körper schrumpfte, die Knochen trockneten aus, die Finger wurden verknotete Spiralen, die Haut vergilbte zu dünnem Papier. So malte er. Man setzte den Rest von Körper auf eine stuhlartige Winde, die auf die Höhe der Staffelei hinaufgeschraubt werden konnte, steckte ihm einen Pinsel zu — und der Pinsel tupfte auf die Leinwand. So sind die Werke seiner Reife entstanden."[7]

Auf dem Weg zur Mitte: Wenn unser Herz uns anklagt

Ein fröhliches Herz tut dem Leibe wohl,
ein bedrücktes Gemüt läßt die Glieder verdorren.

(Spr 17,22)

Der Geist des Menschen überwindet die Krankheit,
doch einen zerschlagenen Geist, wer kann den aufrichten?

(Spr 18,14)

Wie die Motte am Kleid, der Wurm im Holz,
so nagt der Kummer am Herzen des Menschen.

(Spr 25,20b)

Diese biblischen Sprüche drücken die jahrtausendealte Erfahrung der Menschen aus. Heute bestätigen es auch wieder die Ärzte: Viele körperliche Krankheiten haben ihre Ursache in seelischen Leiden. Wer sich zum Beispiel dauernd ärgert, bekommt Magengeschwüre. Der Volksmund fand diesbezüglich schon immer treffende Formulierungen, zum Beispiel:

Dem läuft die Galle über.
Das geht einem an die Nieren.
Das ist mir auf den Darm geschlagen.
Da bleibt einem die Spucke (Luft) weg.
Das verschlägt mir die Sprache.

Das schnürt einem die Kehle zu.
Da ärgert man sich die Schwindsucht an den Hals.
Da bekommt man weiche Knie.
Der spuckt Gift und Galle.
Dem ist eine Laus über die Leber gelaufen.
Der wurde gelb vor Neid, starr vor Schreck, rot vor Scham.
Das bricht mir das Herz.

Zu hoher Blutdruck ist oft bedingt durch eine unbestimmte, unterdrückte Angst vor irgend etwas. Oder bei Diabetikern können Kummer und Enttäuschung so viele Energien verbrauchen, daß Drüsen mit dem Nachschub von Insulin nicht nachkommen. Angst, Neid und Ärger können direkt krankheitsfördernd sein, weil sich durch Gefühle im Körper chemische Prozesse abspielen, die bei einer unaufhörlichen Kette solcher Empfindungen organische Störungen hervorrufen. Dann kann eine Heilung von der Wurzel her nur anfangen, wenn wir uns geistig umstellen: Möchte ich wirklich gesund werden? (Auch Jesus fragte den Kranken: Willst du gesund werden? [Joh 5,6]).
Lohnen sich meine Aufregungen wirklich? Wäre Verzeihen nicht besser als Magengeschwüre oder das Prozessieren über Jahre hinweg?
Nicht immer weicht dann die körperliche Krankheit, aber die innere Spannung läßt nach. Und ein neuer Anfang ist möglich.
Es gibt praktische Ratschläge, wenn ich bereit bin, das Übel radikal, d.h. an der Wurzel zu packen:
Wenn du ernsthaft krank wirst, rufe nicht nur den Arzt, sondern auch den Seelsorger, d.h. prüfe die Haltung deines Geistes genauso wie du korrekt medizinisch behandelt sein willst.

Versöhne dich mit allen, die dir „querliegen“, vor allem mit deiner Familie. Das befreit. Jesus sagt: „Verzeihe nicht siebenmal, sondern siebenundsiebzigmal (Mt 18,22), also: immer!
Vertraue auf Gott und gib dich in seine Hand. Stärke dich mit positiven Gedanken der Liebe und Güte, damit sie bis ins Unterbewußte vordringen und dir von innen Lebenskraft schenken.
Die Reihenfolge ist austauschbar — je nach Überzeugung und Können.[8]

Eine Krankheit, die seelische Ursachen hat, kann durch das Verhalten oder die Handlungen anderer Menschen herbeigeführt werden. Sie kann aber auch in der eigenen Lebenshaltung, in einer eigenen Verfehlung oder Schuld ihren Ursprung haben. Hier bietet sich uns die befreiende gute Nachricht von Jesus Christus an: „Gott hat seinen Sohn nicht in die Welt gesandt, damit er die Welt richtet, sondern damit die Welt durch ihn gerettet wird“ (Joh 3,17).
„Wenn das Herz uns auch verurteilt — Gott ist größer als unser Herz, und er weiß alles“ (1 Joh 3,20).
Gibt es eine schönere Geschichte als das Gleichnis vom verlorenen Sohn oder besser: das Gleichnis vom barmherzigen Vater? Da hat der Sohn seinen Kopf durchgesetzt und ging in die Irre. Als er zurückkehrt, wird er nicht mit Vorwürfen, nicht einmal mit Fragen empfangen, sondern der Vater läuft seinem Sohn entgegen (!), fällt ihm um den Hals und küßt ihn. Dann erst formuliert der Sohn sein Schuldbekenntnis.
Diese große Barmherzigkeit Gottes hat auch in zahlreichen christlichen Legenden ihren Niederschlag gefunden. Eine der schönsten erdachte sich Fjodor M. Dostojewski in seiner Legende vom „Zwiebelchen“:

Obwohl die böse Frau in ihrem Leben keine einzige gute Tat vollbracht hatte, sollte ihr das Zwiebelchen angerechnet werden, das sie in ihrem Gemüsegärtchen herausgerissen und einer Bettlerin wahrscheinlich nachgeworfen hatte. Mit diesem verschenkten Zwiebelchen sollte ihr Schutzengel sie aus dem Feuersee ihrer Gewissensqualen herausziehen. Ist das nicht eine tröstliche Nachricht?
So hat auch Leo Tolstoi, ein anderer großer russischer Schriftsteller, eine Legende mit einer befreienden Botschaft geschrieben:

Die Legende von den Steinen

Kamen zwei Frauen zu einem Starez und baten um Belehrung. Die eine hielt sich für eine große Sünderin. Sie hatte in der Jugend ihren Mann betrogen und quälte sich unablässig. Die zweite dagegen, die ihr Lebtag nach dem Gesetz gelebt hatte, machte sich keiner besonderen Sünde wegen Vorwürfe und war mit sich zufrieden. Der Starez fragte die beiden Frauen über ihr Leben aus. Die eine bekannte ihm unter Tränen die große Sünde. Sie erachtete ihre Sünde für so groß, daß sie keinerlei Vergebung erwartete; die zweite sagte, daß sie keinerlei besondere Sünden begangen habe.
Der Starez sagte zu der ersten: „Geh, du Magd Gottes, hinter die Umfriedung und such dir einen so schweren Stein, daß du ihn gerade noch tragen kannst, und bring mir ihn ... Und du", sagte er zu der zweiten, die sich keiner großen Sünde zeihen konnte, „bringe mir auch Steine, so viele du tragen kannst, aber lauter kleine."
Die Frauen gingen und führten den Befehl des Starez aus. Die eine brachte einen großen Stein, die andere einen ganzen Sack voll kleiner Steinchen. Der Starez betrachtete die Steine und sagte: „Jetzt macht folgendes: tragt die Steine

zurück und legt jeden wieder an den Platz, wo ihr ihn aufgelesen habt; und wenn ihr sie richtig hingelegt habt, kommt zu mir."

Die Frauen gingen, um den Befehl des Starez auszuführen. Die erste fand mit Leichtigkeit den Platz, von wo sie den Stein weggenommen hatte, und legte ihn hin, wie er vordem gelegen hatte; aber die zweite konnte sich um keinen Preis erinnern, von wo sie diesen oder jenen Stein weggenommen hatte, und kehrte deshalb, ohne den Befehl ausgeführt zu haben, zu dem Starez zurück.

„Siehst du", sagte der Starez, „genauso ist es auch mit den Sünden. Du hast den großen und schweren Stein leicht an seinen früheren Ort zurückgelegt, weil du wußtest, wo du ihn weggenommen hast. Du aber konntest es nicht, weil du nicht mehr wußtest, wo du sie weggenommen hast. So ist es auch mit den Sünden. Du wußtest deine Sünde, trägst für sie die Vorwürfe der Menschen und deines Gewissens, wurdest demütig und hast dich so von den Folgen der Sünde frei gemacht.

Du dagegen", wandte sich der Starez an die Frau, welche die kleinen Steine zurückgebracht hatte, „hast in kleinen Sünden gesündigt, wußtest sie nicht mehr, bereutest sie nicht, gewöhntest dich an ein Leben in Sünden, verurteiltest die Sünden anderer und verstricktest dich immer tiefer in die eigenen.

Wir sind alle Sünder, und wir werden alle zugrunde gehen, wenn wir sie nicht bereuen.[9]

Vom Sakrament der Krankensalbung

In der verzeihenden Großzügigkeit, die uns in der vorangegangenen Geschichte vor Augen steht, fällt auch schon ein Licht auf die Hilfe der Krankensalbung, die leider immer

noch im Bewußtsein vieler mit „letzter Ölung“ gleichgesetzt wird und damit angstbesetzt ist. Dabei legt ein Priester dem Kranken schweigend die Hände auf, so wie es oft von Jesus berichtet wird, wenn er Kranke heilte. Und bei der anschließenden Salbung mit Öl auf Stirn und Hände betet er:
„Durch diese heilige Salbung helfe dir der Herr in seinem Erbarmen. Er stehe dir bei mit der Kraft des Heiligen Geistes. Der Herr, der dich von Sünden befreit, rette dich; in seiner Gnade richte er dich auf.“
Hier lebt fort, wozu Jesus sich in besonderer Weise gesandt fühlte: zu den Kranken. – Ein Angebot Gottes und der Kirche an uns!

Die Kraft Gottes, die den drei jungen Männern im Feuerofen die Fesseln, aber nicht den Leib verbrannte, kann auch die Verstrickungen unserer Schuld lösen.

Auf dem Weg zur Mitte: Sein Schicksal annehmen

Daß die Vögel der Sorge und des Kummers über deinem Haupt fliegen, kannst du nicht verhindern. Doch du kannst verhindern, daß sie Nester in deinem Haar bauen.

Aus China

Wieder ein Schritt innerhalb der Spirale, der jahrelang dauern kann. Wie schwer kann es fallen, ja zu sagen zur eigenen Krankheit, zum eigenen Schicksal. Ich weiß auch, daß jeder, der sich gerade mitten in der Krise befindet, kaum etwas mit meinem Hinweis anfangen kann, daß er erst nach Jahren Sinnzusammenhänge erkennt. Trotz allem möchte ich Sie bitten, sich mit den folgenden Gedanken auseinanderzusetzen:

Ich glaube nicht an ein blindes Schicksal. Was ist Schicksal?: Da wird uns etwas wie in einem Brief „geschickt", und wir müssen versuchen, den Brief zu öffnen, die Nachricht zu entziffern und damit fertig zu werden.

Auch ohne die Sicht des Glaubens kann es mir vielleicht gelingen, mit allem so umzugehen wie jener alte Mann, der seinen hundertsten Geburtstag feierte und von einem Reporter gefragt wurde, warum er so ein glückliches Gesicht habe. Und er gab zur Antwort: „Jeden Morgen, wenn ich aufwache, habe ich die Wahl, glücklich oder unglücklich zu sein, und ich beschließe, glücklich zu sein!"

Ich möchte das schwierige Thema aber ein bißchen tiefer angehen und fragen: Weiß ich denn, was Gott an meinem Leben besser gefällt: meine Arbeit, der Streß und Erfolg oder die jetzige schwierigere Phase, nämlich das Leid, das ich nicht ändern kann, in Geduld zu tragen? Wäre es denn gut, wenn sich alle unsere Wünsche erfüllen würden? Haben unsere verwirklichten Träume von mehr Reichtum und Selbstverwirklichung uns denn mehr Glück gebracht? Woher kommt es denn, wenn wir als gesunde Menschen oft so leer und traurig sind?

Sie trägt eine Perle in sich

Eine Auster klagt der anderen: „Ich habe Schmerzen; es ist, als trüge ich eine Kugel aus Blei in meinem Leib. Was soll daraus werden ...?" Die andere Auster erwidert stolz: „Ich fühle mich kerngesund, bin munter und fidel. Du wirst an deiner Kugel noch sterben; ich habe das Leben noch vor mir." Ein Krebs, der dem Gespräch der beiden gelauscht hat, meint: „Was verstehst du stolze Auster schon vom Leben? Du meinst, Jugend, Schönheit und Gesundheit seien alles. Sie hat zwar Schmerzen, aber sie trägt eine Perle in sich."

Daß sie die Perle trägt,
das macht die Muschel krank.
Dem Himmel sag für Schmerz,
der dich veredelt, Dank.
Friedrich Rückert

Als ich noch in den Wäldern lebte,
habe ich geschwiegen.
Jetzt, da ich gestorben bin, singe ich.

Wenn ein Ereignis einen Mitmenschen unsagbar hart und unabwendbar trifft und unweigerlich die Frage gestellt wird: „Warum? Warum gerade ich?“, dann kann ich keine Antwort geben. Aber ich möchte doch sagen: Vielleicht ist es wie bei einer bunten Stickerei. Und Gott würde dazu sagen: „Du siehst jetzt nur die untere Seite mit Knoten und einem Durcheinander von Fäden. Aber gerade da, wo du das rätselhafte Fadengewirr erblickst, erkennst du auf der anderen, schönen Seite ein herrliches Blumenmuster.“

Gott wäre etwas Erbärmliches,
wenn er sich in einem Menschenkopfe
begreifen ließe.
Christian Morgenstern

Oft erst nach vielen Jahren erkennen Menschen, daß ein vermeintliches Unglück auch neue gute Sinnzusammenhänge gebracht hat. Wenn wir einmal die andere Seite der Stickerei schauen dürfen, fällt es uns, so hoffe ich, wie

Schuppen von den Augen. Jedenfalls glaube ich an einen Gott, der auf krummen Zeilen gerade schreiben kann und der nicht unser Unglück will. Das meiste Unglück verursachen sowieso die Menschen, die ihre Freiheit mißbrauchen. Da werden gesundheitsgefährdende Lebensmittel verkauft, nur damit die Kasse stimmt; da rast einer mit viel zu hohem Tempo durch eine Wohnstraße; da können Politiker sich nicht durchringen, strengere Gesetze zur Rettung der Umwelt (und unserer Gesundheit) zu verabschieden ...
Immer mißbrauchen Menschen ihre Freiheit, die Gott nicht einschränken will. Sie ist ja sein kostbarstes Geschenk an uns Menschen. Aber er bietet sich den „Opfern" an, aus diesem Unheil herauszufinden.
Es kommt keine Antwort auf das „Warum?". Wir sollten vielmehr fragen: „Wozu ich?" Diese Frage führt uns weiter. Weil wir zu glauben versuchen, daß wir keinem „Zufall" ausgeliefert sind, dürfen wir auch nicht Hand an uns legen oder das, was wir nicht ändern können, eigenhändig verkürzen. Das möchte die folgende Erzählung sagen:

Sein Kreuz tragen

Eine Legende berichtet: Die Menschen waren mit ihren Kreuzen unterwegs. Sie mühten sich ab mit ihrer schweren Last. Doch einem war sein Kreuz zu lang. Kurzerhand sägte er ein gutes Stück ab. Nach langer Pilgerschaft kamen alle an einen Abgrund. Keine Brücke führte in das Land, das ewige Freude und Gottes sichtbare Nähe versprach. Alle legten nach kurzem Zögern ihre Kreuze über den Abgrund. Und siehe: sie paßten gerade. Der aber sein Kreuz abgesägt hatte, um es leichter zu haben, stand nun betroffen und verzweifelt.

Sei tapfer und stark,
zur Zeit der Heimsuchung überstürze nichts!
Hänge am Herrn, und weiche nicht ab,
damit du am Ende erhöht wirst.
Nimm alles an, was über dich kommen mag,
halt aus in vielfacher Bedrängnis!
Denn im Feuer wird das Gold geprüft,
und jeder, der Gott gefällt, im Schmelzofen der Bedrängnis.
Vertrau auf Gott, er wird dir helfen,
hoffe auf ihn, er wird deine Wege ebnen.

(Sir 2,2–6)

Sträubt sich jetzt einiges in Ihnen? Ist es Ihnen zu fromm? Aber es ist die Erfahrung und Überzeugung eines Menschen der Bibel! Und doch möchte ich auch all Ihre Zweifel und Ihre Verzweiflung im Auge behalten. Philipp Lersch schreibt dazu: „So kann die Verzweiflung, wenn nicht für alle, so doch für manche Menschen ein Akt werden, in dem die Tiefe ihrer Existenz erst aufbricht. Sie müssen durch jenen krisenhaften Nullpunkt der Existenz erst hindurchgegangen sein, um ihren metaphysischen (= jede Erfahrung übersteigenden) Schwerpunkt zu finden ... um zu erfahren, auf welche Sinngehalte ihr Dasein angelegt ist.“[10]

Ähnlich uns, die wir auf dem Weg zur Mitte der Spirale sind, mußte auch der junge Mann in der folgenden Geschichte den langen Weg zur Reife zurücklegen, auf dem das Leid nicht ausgespart war:

Die kleine Melodie

Es war einmal eine kleine Melodie, die war im Herzen eines jungen Mannes entstanden. Sie war so zart und fein wie Silberfiligran, so unbeschwert wie das Himmelsblau am ersten Frühlingstag. Rein war sie und silberhell wie der munter dahineilende Forellenbach. Der junge Mann freute sich über seine kleine Melodie. Er fand sie so schön, daß er sie dem Herrgott schenken wollte.

Der Herrgott lächelte, als er sie hörte. „Mein Sohn, deine Melodie ist so wunderschön, daß ich dir helfen will, damit sie vollkommen werde.“ Und er schenkte ihm die Liebe. Da wandelte sich die Melodie im Herzen des jungen Mannes. Sie behielt ihre Fröhlichkeit, aber sie wurde tief und innig. Und wieder ging der junge Mann zum Herrgott und legte ihm sein kleines Werk zu Füßen. Zustimmend nickte der Herrgott, aber er war noch nicht ganz zufrieden. Er schickte ihn wiederum unter die Menschen und schenkte ihm diesmal das Leid.

Da reifte er zum Mann. Er kämpfte und überwand das Leid und wuchs über sich selbst hinaus. Die kleine Melodie aber lebte weiter in seinem Herzen und reifte mit ihm. Vor dem Hintergrund einer leisen Schwermut schien nun ihre Fröhlichkeit noch beschwingter und ihre Zartheit noch köstlicher als vorher.

Still trat nun der Mann vor Gott: „Herr, nimm meine kleine Melodie in Gnaden an, ich habe mein Herzblut hinein verströmt, ich habe nichts Besseres mehr zu geben.“

Gütig lächelte der Herrgott: „Ich habe noch ein Geschenk für dich bereit, das letzte und schwerste.“ Und er schenkte ihm die Einsamkeit.

Da schwiegen um ihn die Stimmen dieser Welt. Und die Melodie machte noch einmal eine Wandlung durch, wurde

vergeistigt durch die Bitterkeit und die Gnade der Einsamkeit, die der Greis erfuhr.
Da nahm der Herrgott die Melodie und sprach: „Nun ist sie vollkommen." Und er schenkte sie den Menschen. Und jeder, der sie hörte, war tief beglückt.

Eva Hönick[11]

Herr, dein Wille geschehe, wo ich geh und stehe.
Herr, dein Wille geschehe, wenn ich's auch nicht verstehe.
Herr, dein Wille geschehe, und tut's mir noch so wehe.
Am Ende steht nicht der Schmerz.
Am Ende stehst du, Herr.
Mit dir kann ich annehmen, was weh tut,
mich wehren, so gut es geht,
durchhalten, wenn es sein muß,
ja sagen,
widerstehen,
hoffen
und so erfahren:
Am Ende steht nicht der Schmerz.
Am Ende stehst du, Herr:
Weg, Wahrheit und Leben.

Auf dem Weg zur Mitte: Das Angebot des Glaubens

Es gibt genug Licht, um zu glauben und genug Dunkel, nicht zu glauben.

Ich mag sie nicht, diese Alles-Erklärer, die sich rechtfertigen und herausreden bei allem, was du, Gott, tust. Ich gestehe lieber, daß ich dich nicht verstehe! Daß ich nicht begreife, warum du den Schmerz, warum du so viel Schmerz, so brüllenden, wahnsinnigen und sinnlosen Schmerz geschaffen hast. Ich neige mich vor deiner Herrlichkeit, ja! Aber ich wage jetzt nicht, meine Augen zu dir zu erheben. Es ist zuviel Betrübnis und Weinen in meinen Augen. So kann ich dich nicht ansehen (Peter Lippert).

Gott wohnt, wo man ihn einläßt.
Martin Buber

Wir nähern uns der Mitte der Spirale. Wieder möchte ich behaupten: Diese Mitte kann eigentlich nur aus dem Glauben an Gott und an Christus verstanden werden. Sie können jetzt umkehren und enttäuscht wieder dem Ausgang zustreben. Aber dann kämen Sie mir vor wie jener Mensch, der sich in der Wüste verirrte und kurz vor dem Verdursten steht. Jetzt sieht er Palmen vor sich, hört sogar das Wasser sprudeln. Aber er denkt: „Das ist nur eine Fata Morgana, meine Phantasie spiegelt mir nur etwas vor. In

Wirklichkeit ist da nichts.“ Und er fällt halb wahnsinnig zu Boden und stirbt. Kurze Zeit später finden ihn zwei Beduinen. Der eine kann das nicht verstehen — so nahe am Wasser, und die Datteln wachsen ihm fast in den Mund. Aber der andere hat eine Erklärung: „Er war ein moderner Mensch!“ Vielleicht halten Sie es *doch* für wahr, was uns der christliche Glaube lehrt! Sind Sie sich so sicher in Ihrem eventuellen Unglauben? Sie haben keinen Beweis gegen den Glauben und ich keinen dafür. Es ist wirklich unsere freie Entscheidung, zu glauben oder nicht zu glauben.

Jesus spricht:
Ich bin deine Freude –
fürchte dich also nicht, froh zu sein!
Ich bin in deiner Not,
denn ich habe sie selbst erlitten.
Ich bin in deinem Tod,
denn heute, als ich geboren wurde,
begann ich mit dir zu sterben.
Ich gehe nicht mehr weg von dir.
Was immer dir geschieht,
durch welches Dunkel dein Weg
dich auch führen mag –
glaube, daß ich da bin!
Glaube, daß meine Liebe unbesiegbar ist!
Dann ist auch für dich Weihnacht.
Dann ist auch Deine Nacht Heilige Nacht.
Dann zünde getrost die Kerzen an –
sie haben mehr recht als alle Finsternis.

Karl Rahner

Dieser Glaube ist das Angebot Gottes an alle, die im Turm des Zweifelns und Suchens sitzen. Ein Glaube, um den ich

ein Leben lang ringen muß. Dieser Glaube entwickelt erst seine ganze Kraft, wenn er angewendet wird. Er ist oft deshalb so wirkungslos, weil es zu viele Christen gibt, die ihn wie ein Ersatzrad im Auto behandeln: Wenn in ihr Leben ein Unglück kommt, dann denken sie, jetzt muß mir mein Glaube helfen. Aber dann ist das Ersatzrad selten aufgepumpt. Glaube sollte unser *Lenkrad* im Leben sein — um im Bild zu bleiben.
Was Sie tun sollten? Sich zunächst einmal aufmachen und suchen — wie der Hirt in folgender Geschichte:

Der Hirt mit den Krücken

Es war einmal ein Hirte. Der lebte auf einem Felde in der Nähe Betlehems. Er war groß und stark, aber er hinkte und konnte nur an Krücken gehen. Darum saß er meistens mürrisch am Feuer und sah zu, daß es nicht ausging. Die anderen Hirten fürchteten ihn.
Als den Hirten in der Heiligen Nacht ein Engel erschien und die frohe Botschaft verkündete, da wandte er sich ab. Und als sie sich aufmachten, das Kind zu finden, so wie es ihnen der Engel gesagt hatte, blieb er allein am Feuer zurück. Er schaute ihnen nach, sah, wie das Licht ihrer Lampen kleiner wurde und sich in der Dunkelheit verlor. „Lauft, lauft! Was wird es schon sein? Ein Spuk, ein Traum!"
Die Schafe rührten sich nicht. Die Hunde rührten sich nicht. Er hörte nur die Stille. Er stocherte mit der Krücke in der Glut. Er vergaß, frisches Holz aufzulegen.
Und wenn es kein Spuk, kein Traum wäre? Wenn es den Engel gab? Er raffte sich auf, nahm die Krücken unter die Arme und humpelte davon, den Spuren der anderen nach. Als er endlich zu dem Stall kam, dämmerte bereits der Morgen. Der Wind schlug die Tür auf und zu. Ein Duft von

fremden Gewürzen hing in der Luft. Der Lehmboden war von vielen Füßen zertreten. Er hatte den Ort gefunden. Doch wo war nun das Kind? Der Heiland der Welt, Christus, der Herr in der Stadt Davids?
Er lachte. Es gab keine Engel. Schadenfroh wollte er umkehren.
Da entdeckte er die kleine Kuhle, wo das Kind gelegen hatte, sah das Nestchen im Stroh. Und da wußte er nicht, wie ihm geschah.
Er kauerte vor der leeren Krippe nieder. Was macht es aus, daß das Kind ihm nicht zulächelte, daß er den Gesang der Engel nicht hörte und den Glanz Marias nicht bewunderte! Was machte es aus, daß er nun nicht mit den anderen in Betlehem durch die Straßen zog und von dem Wunder erzählte!
Was ihm widerfahren war, konnte er nicht mit Worten beschreiben. Staunend ging er davon. Er wollte das Feuer wieder anzünden, bevor die anderen Hirten zurückkamen. Doch als er eine Weile gegangen war, merkte er, daß er seine Krücken bei der Krippe vergessen hatte. Er wollte umkehren. Warum denn? Zögernd ging er weiter, dann mit immer festeren Schritten.

Max Bolliger[12]

Mich loslassen und in dein Herz fallen.
Vertrauen – und mein Leben auf dich setzen.
Auf Jesus schauen und mich nach ihm richten.
Ins Dunkle gehen und mit dir rechnen.
Das will ich, mein Gott, und alles.

Anton Rotzetter[13]

Es gibt in der Natur ein erstaunliches Insekt, das zeigt, wie wir es machen sollten: Der Taumelkäfer, etwa sieben Millimeter lang, saust im Zickzack durch unsere Teiche und

Seen. Das Besondere an ihm? Er hat vier Augen! Mit zwei Augen kann er den Grund des Tümpels überblicken, um Freßbares zu entdecken, mit den anderen beiden beobachtet er den Himmel, um den lauernden Vögeln zu entgehen. In seinem winzigen Gehirn laufen beide Welten zusammen. Sein Sehen ist immer ein Ineinander und Beieinander von oben und unten, von Himmel und Erde[14].

Bei einer Krankheit komme ich ganz schön ins Taumeln! Welche Gabe Gottes, jetzt vier Augen zu haben, zwei für die Wirklichkeit und zwei, die alles im Lichte des Glaubens besehen! Wenn ich das Angebot des Glaubens annehme, einfach ja zu sagen versuche, können „Berge versetzt" werden. Eine solche Einstellung kann alles verwandeln, wie ja schon auf der physischen Ebene eine entsprechende Einstellung die Kraft steigern oder mindern kann.

Folgendes Experiment wurde gemacht: Ein junger Mann bediente einen Kraftmesser und erreichte eine Leistung von 51 Kilo. Nun versetzte ihn ein Psychologe in Hypnose und redete ihm ein, er sei sehr müde, schwach und erschöpft. Unter diesem Eindruck erreichte er an seinem Meßgerät nur 14,5 kg. Selbstverständlich wurde auch die Gegenprobe gemacht. Das Ergebnis: Der Zeiger des Kraftmessers kletterte auf 71 Kilo.

Dazu die folgende Begebenheit aus dem Alltag:

Ich bin nicht allein

Eine Frau war in einem Lift eingeschlossen, der zwischen den Stockwerken angehalten hatte. Der Geschäftsführer des Gebäudes rief ihr zu und fragte, ob sie allein sei. Sie antwortete: „Nein, nicht allein." Er versicherte ihr, daß der Lift bald repariert sein werde, und beschwor sie, sich nicht zu ängstigen.

Als schließlich der Lift repariert war und die Tür sich öffnete, war die Dame ganz allein. Der Mann schaute sie verwundert an. „Sie sagten doch, Sie seien nicht allein?"
„Das stimmt", antwortete sie ruhig, „ich war nicht allein. Gott war mit mir".

Norman Vincent Peale[15]

Welche Geborgenheit und Sicherheit kann aus diesem Glauben erwachsen, daß Gott überall für uns da ist. Können Angstgefühle nicht langsam jede Macht über uns verlieren, wenn ich immer wieder die Worte wiederhole, die so oft in der Heiligen Schrift stehen: „Fürchte dich nicht, ich bin mit dir!" (Jes 41,10).
So kann ich mir nur von der Einstellung ihres Glaubens her erklären, wieviel Kraft in dem scheinbar schwächlichen, ausgemergelten Körper einer Mutter Teresa von Kalkutta steckt!
Als klassisches Beispiel für einen bergeversetzenden Glauben gilt der Patron der Missionare, Franz Xaver:

Das Menschenunmögliche

Als der König von Portugal den Papst dringend um Missionare für Indien bat und Ignatius bereit war, einige seiner ersten Gefährten zur Verfügung zu stellen, dachte niemand an Franz Xaver. Dieser war kränklich und zu nichts weiter tauglich als zum Sekretär des hl. Ignatius und zu gelegentlichem Katechismusunterricht und Sonntagspredigten. Doch als einer der Indienmissionare kurz vor der Abreise erkrankte, rief Ignatius seinen Sekretär Franz Xaver zu sich und sagte: „Magister Franziskus, Ihr wißt bereits, daß auf Befehl seiner Heiligkeit zwei der Unsrigen nach Indien gehen müssen und daß wir als einen derselben Magister Boba-

dilla gewählt hatten. Er kann aber wegen seiner Krankheit nicht reisen, und der Gesandte kann nicht warten, bis er gesund wird. Das ist Euer Unternehmen!" Franz Xaver antwortete: „Gut, auf, ich bin bereit!"
Nach einer „Höllenreise", die ihn wiederholt an den Rand des Grabes brachte, auf der er monatelang an der Seekrankheit litt, kam er in Indien an. Was dieser ehemals kranke Sekretär in den folgenden Jahren in Indien, auf den Molukken und in Japan geleistet hat, „unter Perlenfischern, Parias, Kopfjägern und Menschenfressern", grenzt ans Menschenunmögliche. Er wurde der Apostel Indiens und der Apostel Japans und starb vor den Toren Chinas, als er die Evangelisierung des „Reiches der Mitte" beginnen wollte.

Aber nicht alle Menschen sind wie Mutter Teresa oder Franz Xaver. Beim Glauben handelt es sich um einen sehr persönlichen eigenen Prozeß, der bei verschiedenen Menschen jedesmal anders verläuft. Jeder muß da *seinen* Weg finden. Letztlich ist dieser Glaube dann ein Geschenk, um das wir bitten, das wir uns aber nicht verdienen können.
Es gibt viele Stellen in der Heiligen Schrift, aus denen ich herauslesen kann, daß Gott auch wirklich gebeten werden will: „Bittet, dann wird euch gegeben; sucht, dann werdet ihr finden; klopft an, dann wird euch geöffnet. Denn, wer bittet, der empfängt; wer sucht, der findet; und wer anklopft, dem wird geöffnet" (Mt 7,7.8). Es darf ein Beten und Bitten in aller Bedrängnis und in allen Zweifeln sein:

Da habe ich gebetet

Seit Jahren Schmerz verspüren, im Rücken, Darm, Schmerz an der Wirbelsäule, der sich steigert, vorerst keinen Arzt aufsuchen, nichts verlauten lassen, niemandem sich anvertrauen. Den schwarzen Kot betrachten, ahnend das Verhängnis, und in schmerzvollen Anfällen sich an die Wand anlehnen, die Stelle zwischen Tür und Kleiderschrank, die Hände hohl zur Mulde eines Schoßes formen, den Kopf darin verbergen und sich pressen an das Mauerwerk, so daß schließlich dort ein Fleck entsteht aus Talg und Atemdunst, ein brauner Fleck, und eines Tages, da die Frau sich wundert, da sie fragt, wie bloß der Fleck dorthin gekommen, lange schweigen, lange Zeit, bedrängt, sich winden und schließlich mit halber Stimme sagen: „Da habe ich gebetet."

Theodor Weißenborn[16]

Glauben und Gebet beinhalten allerdings keine Garantie auf Erfolg. Ja, es können regelrechte „Durststrecken" auftreten — wie auch Heilige von Zeiten der „Trockenheit" berichten, in denen sie keinen Trost im Glauben fanden. Glauben ist ein ständiges Ringen und Suchen. Lothar Zenetti deutet es in einem seiner Gebete an:

Ich lebe Tag um Tag so viele Stunden lang
und spüre nichts von dir.
Die andern sagen mir, das gibt es einfach nicht,
so was wie einen Gott.
Laß mich doch dann und wann und sei's sekundenlang
erfahren, daß du bist.[17]

„Notrufsäule" Telefon

Wollen Sie mit Gott sprechen — ihn „anrufen"?
Dann beachten Sie die folgenden hilfreichen Hinweise. Sie sollen aber nicht als Vorwürfe in Ihren Ohren klingen, wenn Ihr Beten noch nicht gelingt!

- Gott ist immer zu sprechen. Sein Apparat kennt kein Besetztzeichen.
- Falls Sie nichts hören, sind Sie sicher, die richtige Nummer gewählt zu haben? Oder nahmen Sie vielleicht nur den Hörer ab?
- Sie sollten Gott nicht nur über den Notruf anläuten.
- Wenn Sie meinen, daß das Gespräch „nichts gebracht hat": Ließen Sie Ihr Gegenüber denn auch zu Wort kommen?
- Wenn seine Sprache für Sie unverständlich war, sind Sie sicher, noch „die Sprache des Herzens" zu verstehen?
- Das Telefonieren mit Gott ist immer gebührenfrei.
- Manchmal ist die Leitung durch äußere Einflüsse gestört; dann brauchen Sie Geduld, bis der Kontakt wiederhergestellt werden kann.

Hätten Sie vielleicht jetzt Zeit, einige Minuten mit Gott zu sprechen oder auf ihn zu hören? Die Kraft des Glaubens und des Gebetes haben schon so viele Menschen erfahren! So berichtet folgende authentische Geschichte:

Von der Kraft des Gebetes

Ein früherer Mitarbeiter Friedrich von Bodelschwinghs erzählt folgendes Erlebnis: Der chirurgische Chefarzt von Bethel mußte Bodelschwingh in einem Fall bedauernd mitteilen, daß ein Patient nicht mehr zu retten sei. Da platzte Bodelschwingh mit der Frage an den Professor heraus: „Haben Sie schon um seine Rettung — gebetet?"
Der Professor und sein Assistent lächelten diskret. Bodelschwingh übersah das und sagte nur: „Also nein! Gut, dann will ich jetzt einmal die Sache mit Gott bereden!" Wohl eine Stunde lang lag er in seinem Zimmer auf den Knien und betete. Danach ging er wieder in das Krankenzimmer jenes Patienten. Hier empfing ihn die pflegende Schwester: „Herr Pastor, seit einer halben Stunde geht es dem Kranken plötzlich besser!"
Nach einigen Wochen war der Kranke genesen, und der Professor ging zu Bodelschwingh und sagte: „Ich werde nicht wieder lächeln, wenn Sie zum Beten auffordern!"[18]

Wenn Sie jetzt bereit sind, in die Mitte der Spirale einzutreten, stehen wir direkt vor dem Geheimnis: Aus Leid kann Heil werden.
Doch zunächst darf ich noch etwas zum Symbol der Spirale sagen, die wie eine Hilfskonstruktion dieses ganze Büchlein durchzieht. Zwei Mißverständnisse möchte ich ausschließen:
Erstens: Auch Kranksein ist Leben. Durch die Spirale in die Mitte gelangen und schließlich von der Mitte „zurück ins Leben" soll nicht heißen, daß das „Leben" durch die Krank-

heit unterbrochen ist und nach der Krankheit wieder anfängt. Gerade der Prozeß der Krankheit birgt ja eine dichte Lebenserfahrung. Die Spirale will nur den Weg „nach innen“ umschreiben und wie Sie nach dem Heilungsprozeß eventuell wieder als „ein anderer“ leben dürfen.

Zweitens: Der Weg in die Mitte meint nicht den Weg in die Enge eines Schneckenhauses. Wer vor sich selber flieht, wird seinem Gefängnis nicht entkommen. Wer sich aber in sich selbst versenkt, „wird sein Inneres“ — wie Gustave Thibon sagt — „zum Paradiese weiten. Du wirst Gott darin finden und alles.“

Für mich eine befreiende Vorstellung, weil ich aus der Angst vor der Dunkelheit herausfinden kann.

Die Mitte der Spirale: Die Osterkerze

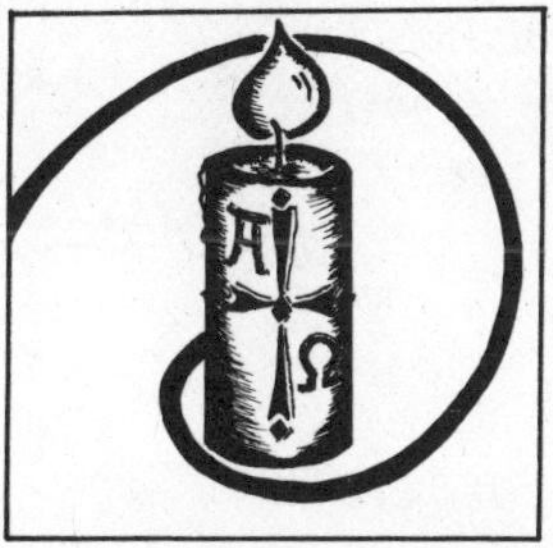

Ich falte die Hände,
die lahmen, im Geist
und bete ins Dunkel,
daß es zerreißt.

Ernst Ginsberg,
Schauspieler, der nach totaler
Lähmung starb

Im Zentrum der Spirale steht als Mitte — gleichsam als Mitte der Welt — das Symbol der Osterkerze. Ins Auge fallen die angebrachten Nägel und das Licht, das sie verbreitet.

1. Die Nägel der Osterkerze

... sagen einem Menschen, der von Krankheit heimgesucht ist: Hier war auch ein Mensch festgenagelt und blutete aus fünf Wunden. Dieser Gott, der uns Bruder wurde, weiß, was Schmerzen und Leid bedeuten.
Im vierten Lied vom Gottesknecht heißt es schon visionär im Alten Testament:

„Er sah nicht so aus, daß wir Gefallen fanden an ihm.
Er wurde verachtet und von den Menschen gemieden,
ein Mann voller Schmerzen, mit Krankheit vertraut.
Wie einer, vor dem man das Gesicht verhüllt,
war er verachtet; wir schätzten ihn nicht.
Aber er hat unsere Krankheit getragen
und unsere Schmerzen auf sich geladen.

Wir meinten, er sei von Gott geschlagen,
von ihm getroffen und gebeugt.
Doch er wurde durchbohrt wegen unserer Verbrechen,
wegen unserer Sünden zermalmt.
Zu unserem Heil lag die Strafe auf ihm,
durch seine Wunden sind wir geheilt.“

(Jes 53, 2b–5)

Keins seiner Worte
glaubte ich, hätte er nicht
geschrien: Gott, warum
hast du mich verlassen.
Das ist mein Wort, das Wort
des untersten Menschen.
Und weil er selber
so weit unten war, ein
Mensch, der „Warum“ schreit
und „Verlassen“, deshalb könnte
man auch die anderen Worte,
die von weiter oben,
vielleicht
ihm glauben.

Rudolf Otto Wiemer[19]

Weil Jesus in seinem Leid auch „Warum?“ gerufen hat, braucht sich niemand dieser Frage zu schämen.
Bevor meinem Leiden Sinn zufließt, muß ich es erst annehmen. Und wieso durch dieses Akzeptieren Segen entstehen kann, dafür kann uns folgendes Gleichnis ein wenig die Augen öffnen:

Geschichte vom Bambus

In einem großen Garten wuchs ein Bambusbaum. Der Herr des Gartens hatte seine Freude an ihm. Von Jahr zu Jahr wurde er kräftiger und schöner. Eines Tages aber blieb er vor ihm stehen und sagte: „Lieber Bambus, ich brauche dich!" Der Baum antwortete: „Herr, ich bin bereit, gebrauche mich, wie du willst." Die Stimme des Herrn wurde ernst: „Um dich zu gebrauchen, muß ich dich beschneiden!" Der Baum erzitterte: „Mich beschneiden? Deinen schönsten Baum im Garten? Nein bitte, das nicht, bitte nicht! Verwende mich doch zu deiner Freude, Herr, aber beschneiden ...!" Der Herr sagte noch ernster: „Wenn ich dich nicht beschneide, kann ich dich nicht gebrauchen."
Im Garten wurde es ganz still. Der Wind hielt den Atem an. Langsam beugte der Bambus seinen herrlichen Kopf und sagte leise: „Herr, wenn du mich anders nicht gebrauchen kannst, dann beschneide mich!" Doch der Herr fuhr fort: „Mein geliebter Bambus, ich werde dir auch deine Blätter und Äste abschneiden!" „Ach, Herr, davor bewahre mich. Zerstöre meine Schönheit, aber laß mir bitte Blätter und Äste!" „Wenn ich sie dir nicht abschneide, kann ich dich nicht gebrauchen!"
Die Sonne versteckte ihr Gesicht. Ein Schmetterling flog ängstlich davon. Bis ins Mark getroffen, flüsterte der Bambus: „Herr, schlag sie ab!"
„Mein geliebter Bambus, ich muß dir noch mehr antun. Ich muß dich mitten durchschneiden und dein Herz herausnehmen. Wenn ich das nicht tue, kann ich dich nicht gebrauchen!" Da neigte sich der Bambus bis zur Erde: „Herr, schneide und teile!"
So schnitt der Herr des Gartens den Bambus, hieb seine Äste ab, streifte seine Blätter fort, teilte ihn in zwei Teile

und schnitt sein Herz heraus. Dann trug er ihn mitten durch die trockenen Felder in die Nähe einer Quelle. Dort verband er mit dem Bambusstamm die Quelle mit der Wasserrinne im Feld. Und das klare, glitzernde Wasser schoß durch den zerteilten Körper des Bambus in den Kanal und floß auf die dürren Felder, um eine reiche Ernte möglich zu machen. — So wurde der herrliche Bambus erst zum großen Segen, als er gebrochen und zerschlagen war.

Aus China

Manche Geschöpfe sind wie das Zuckerrohr:
Selbst durch die Mühle gedreht, vollständig gebrochen,
zu Brei zerrieben, können sie nichts anderes
als Süßigkeit spenden.

Helder Camara

Nahe ist der Herr den zerbrochenen Herzen,
er hilft denen auf, die zerknirscht sind.

(Ps 34,19)

Er aber sprach: „Meine Gnade genügt dir. Denn sie erweist ihre Kraft in der Schwachheit." Deswegen bejahe ich meine Ohnmacht, alle Mißhandlungen und Nöte, Verfolgungen und Ängste, die ich für Christus ertrage. Denn wenn ich schwach bin, dann bin ich stark.

(2 Kor 12, 9a.10)

An Christi Leiden und Sterben hat sich schon mancher Kranke aufgerichtet. Ein alter Tierarzt, der in den letzten Monaten seines Lebens brüllenden Schmerz ertragen mußte, zeigte, wenn ich ihn besuchte, hin und wieder auf den gekreuzigten Herrn und sagte: „Er hat mehr getragen als ich!"
Das sagt auch folgende Geschichte aus:

Was ist mein Leid gegen seines?

Ein Tourist fragte die Bergbäuerin, bei der er ein Zimmer für den Sommer gemietet hatte: „Gibt es eine Möglichkeit, die Sonntagsmesse zu besuchen?“ „Freilich“, antwortete sie, „es gibt ein kleines Kircherl in der Nähe; ich gehe auch hin“.
In der einfachen, aber gemütlichen Stube ergab sich dann ein Gespräch. Die eine Wand des Zimmers war vollbehängt mit Photographien verschiedener Menschen, jüngerer und älterer. „Das ist mein Mann“, meinte die Bergbäuerin auf die stumme Frage des Gastes. „Beim Holzfällen erschlagen. Das sind meine beiden Buben, im Krieg gefallen. Das ist meine Tochter, an Krebs gestorben.“
So viel Unglück, wie wird man damit fertig? Als hätte sie diese Frage gehört, meinte die Bäuerin: „Da hilft kein Trost von unten, der muß schon von oben kommen. Beim ersten Todesfall kann man noch trauern, aber wenn es dann weiter so dick kommt, wird man stumm.“
Ja, das könnte er schon verstehen, meinte betreten der Gast. „Aber das taugt nichts“, meinte die Bergbäuerin. „Zuerst habe ich es dem Herrgott sehr übel genommen, mir meine Familie genommen zu haben. Ich habe gehadert wie der Ijob, und hatte doch beim Ijob auch keinen Trost erhalten, denn ihm ist schließlich seine Familie zurückgegeben worden. Ich ging dann auch gar nicht mehr zur Kirche. Konnte nicht, bis mir einmal ein Sommergast, ein Bildschnitzer, diesen Christus auf dem Kreuz geschenkt hat, den Sie hier im Herrgottswinkel sehen. Ich bin lange davor gesessen, in den Wintermonaten, wo keine Gäste da waren und ich Zeit zum Sinnieren hatte. Ja, Christus hat mehr gelitten als ich, was ist mein Leid gegen seines? Und da habe ich die Kraft gefunden, zu leben und mir das nehmen zu lassen, was mir der Herrgott genommen hat.“

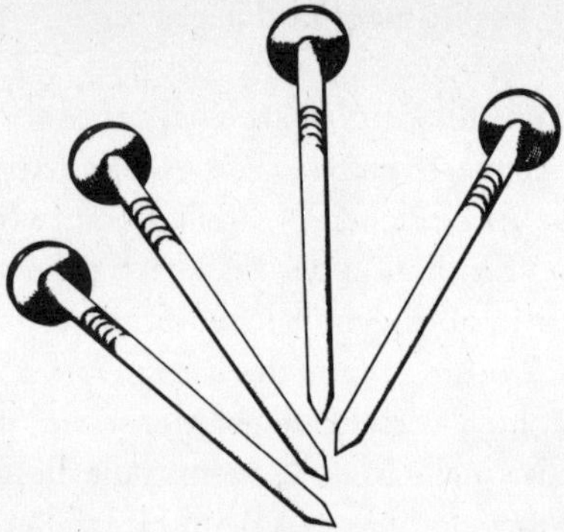

Nägel können halten, aber auch kreuzigen: Nägel wie Leid, Krankheit, Folter, Hunger, Zweifel, Verzweiflung.

Die Mitte unserer Spirale, Golgota, ist die Mitte der Welt. Eine Legende umschreibt das so:

Die Mitte der Welt

Das Paradies lag über dem Berg in der Mitte der Welt. Als die ersten Menschen Adam und Eva von Gott weggewiesen wurden, stiegen sie aus der glücklichen Höhe auf den Berg nieder und lebten hier.
Als Adam zum Sterben kam, sprach er zu seinen Kindern: „Begrabt mich in der Höhle unter dem Gipfel des Berges. Dort will ich in der Mitte der Erde ruhen." Dann starb er. Es war an einem Freitag um die neunte Stunde.
Als aber die Kinder Adams ihren Vater in der Mitte der Welt beisetzen wollten, öffnete sich die Pforte der Erde. Sie legten seinen Leichnam hinein und wieder schloß sich die Pforte.
Über die Zeiten hin wurde das Kreuz des Erlösers auf diesem Berge errichtet, in der Mitte der Erde, wo die vier Him-

melsrichtungen zusammenstoßen. Als hier auf Golgota an einem Freitag in der neunten Stunde Christus sein Leben aushauchte, öffnete sich noch einmal die Pforte der Erde: Das Blut Christi floß herab auf den Schädel Adams und taufte den Stammvater aller Menschen.

Hubertus Halbfas[20]

2. Das Licht der Osterkerze

Wenn in der Osternacht das Licht der Osterkerze in die dunkle Kirche getragen wird, versteht jeder Anwesende dieses Zeichen: „Christus, das Licht, vertreibt das Dunkel aus unseren Herzen. Christus ist von den Toten auferstanden. Sein Leid hat uns Heil und Rettung gebracht." Und im feierlichen Osterlob, dem Exsultet, wird wenig später der für manche schwerverständliche Text gesungen: „Gekommen ist das heilige Osterfest, an dem das wahre Lamm geschlachtet ward, dessen Blut die Türen der Gläubigen heiligt und das Volk bewahrt vor Tod und Verderben ... Dies ist die Nacht, in der Christus die Ketten des Todes zerbrach und aus der Tiefe als Sieger emporstieg. Wahrhaftig, umsonst wären wir geboren, hätte uns nicht der Erlöser gerettet ... O glückliche Schuld, welch großen Erlöser hast du gefunden ... Dies ist die Nacht, von der geschrieben steht: Die Nacht wird hell wie der Tag, wie strahlendes Licht wird die Nacht mich umgeben."

Im Glauben an dieses Licht kann ich in der Finsternis einer schlimmen Krankheit sagen: Christus hat uns nicht vom Leid erlöst, sondern von der Verzweiflung. Er erspart uns nicht das Leid — will aber mitgehen. Und was diese Sicht vom Leben Jesu her bedeuten kann, tippte ein behindertes Mädchen in seine Schreibmaschine:

In einem Wohnviertel von Brüssel kenne ich ein besonderes Hotel, an dessen Eingang es keine Stufen gibt. Die Schwelle ist eben, um Krankenstühle ungehindert passieren zu lassen. Das Hotel wird von einer christlichen Gemeinschaft geführt. In dieser Gemeinschaft leben alte Frauen, Alkoholikerinnen, Flüchtlinge aus Pakistan und Indien zusammen mit vier physisch Behinderten. Eine dieser Behinderten, ein junges Mädchen, das sich nur verständlich machen kann, indem es die Worte auf einer Schreibmaschine schreibt, hat kürzlich im französischen Fernsehen an einer Diskussion über Behindertenprobleme teilgenommen. Als sie um ihre Meinung befragt wurde, aus welcher Kraft heraus sie mit ihrer Behinderung fertig werde, tippte sie einige Buchstaben auf ihrer Schreibmaschine. Die Kamera ging ganz nahe an das Blatt Papier heran. Da stand: Halleluja![21]

Eine schwerbehinderte, spastischgelähmte Frau schickte mir ihren „Lebensruf", nachdem sie das Manuskript dieses Buches gelesen hatte. Die folgenden Zeilen zeigen ebenfalls, wie sie trotz ihres steinigen Weges zu positiven Erfahrungen gefunden hat:

O GOTT, laß mich des Daseins Sinn ergründen,
mutig durchschreiten meinen Lebenstag,
daß selbst im Finstern sich mir Lichter zünden,
wann immer auch die Nacht anbrechen mag.

O GOTT, laß mich aus Deiner Hoffnung leben —
auch in der tiefsten Not, im herbsten Leid,
daß all mein Tun sei ein geweihtes Streben
zu jeder Stund' — für Zeit und Ewigkeit.

O GOTT, laß mich den anderen Frieden künden
mit meinem ganzen Sein – in Wort und Tat,
daß sie durch mich zu jener Liebe finden,
die uns in Deinem Sohn ward zugesagt.

O GOTT, laß uns geborgen sein in Deiner Liebe,
die keine Grenzen kennt – nicht Raum noch Zeit,
die stetig neu ins dunkle Weltgetriebe
entströmt dem lichten Brunnen der Unendlichkeit.

Luise Meuser;
bezeichnend auch, daß ihr erstes Buch den Titel trägt:
„... denn die Freude hat das letzte Wort"

Es gibt ein Symbol für dieses neue Leben über alle Konfessionen und Religionen hinaus: den Schmetterling. Kinder malen ihn sehr oft als intensive Todesahnung. Gerade ein Kranker versteht, wie mühsam sich die Raupe auf ihren Stummelfüßchen vorwärts bewegen muß im Staub der Straße, umgeben von „Aasgeiern", die sich unversehens aus der Luft auf die Beute stürzen.

Und dann, wenn alles aus zu sein scheint, wenn die Haut platzt und der Kokon wie ein sicherer Sarg wirkt, dann geschieht das Wunder: Ein Schmetterling erhebt sich in die Lüfte; ungeheure Schönheit in nie geahntem neuem Leben. Allerdings darf ich anmerken: Wer will uns sagen, ob die Raupe während ihrer Wandlung zur Puppe und von der Puppe zum Schmetterling nicht „Schmerz" erduldet? Aber das Staunen über diese Verwandlung kann jeden Beobachter wachrütteln:

Vom Käfer zur Libelle

Der berühmte Filmproduzent Cecil B. de Mille liebte es, sich in die Einsamkeit zurückzuziehen, wenn er ein Problem zu überdenken hatte. Eines Tages fuhr er in einem Boot auf einem See im Staate Maine hinaus und ließ sich ziellos dahintreiben, während er sein Problem überdachte. Das Boot trieb an Land und legte an einer Stelle an, wo das Wasser nur wenige Zentimeter tief war. De Mille schaute hinab und sah, daß der Grund mit Wasserkäfern übersät war. Einer von ihnen kam an die Oberfläche und kroch langsam an der Seitenwand des Bootes hoch. Als er den Bootsrand erreicht hatte, starb er.

De Milles Gedanken kehrten zu seinem Problem zurück. Nach einer Weile blickte er zufällig wieder auf den Käfer. In der heißen Sonne war sein Panzer brüchig geworden. Plötzlich sprang der Panzer auf, und langsam kam eine Libelle zum Vorschein. Sie erhob sich in die Luft, und ihre Farben funkelten im Sonnenlicht.

Diese beflügelte Kreatur flog in einem Augenblick weiter, als der Käfer in Tagen hätte kriechen können. Die Libelle wandte sich wieder der Wasseroberfläche zu; de Mille sah ihren Schatten auf dem Wasser. Sehr wahrscheinlich sahen die Wasserkäfer in der Tiefe die Libelle auch, aber jetzt lebte

ihr einstiger Gefährte in einer Welt, die ihr Begriffsvermögen überstieg. Sie lebten immer noch ihre bescheidene Existenz, während ihre beflügelte Verwandte alle Freiheit zwischen Himmel und Erde genoß.
Später, als de Mille sein Erlebnis erzählte, schloß er mit der eindringlichen Frage: „Wird der Schöpfer des Universums das, was er für einen Wasserkäfer tut, für einen Menschen nicht tun?"

Norman Vincent Peale[22]

Ich finde: Ein schönes Bild für den Glauben. Denn im Glauben kann ich als „beflügelte Kreatur" in *einem* Augenblick weiterkommen, als ich „als Käfer" ein Leben lang kriechen kann. Bitte: Ich verurteile nicht Ihre Zweifel — ohne Zweifel kein fester Glaube —, aber nur vom Glauben an die Auferstehung allen Lebens kann eine Antwort kommen, die letztlich befriedigt. Denn keiner von uns weiß, wann das Schwert einer furchtbaren Krankheit sich erneut auf uns herabsenkt, wann die Ärzte uns keine Hoffnung mehr machen und die Last der Schmerzen wiederum vor uns liegt. Dann hilft uns nur noch der Blick über den Horizont hinaus in das andere, eigentliche Leben, das uns in Christus versprochen ist.

Fürchte dich nicht, denn ich habe dich ausgelöst,
ich habe dich beim Namen gerufen,
du gehörst mir.

(Jes 43, 1 b)

Hab keine Angst, denn ich erlöse dich.
Ich rufe dich beim Namen, mein bist du.
Für diese Welt ist ein Leben zu Ende;
für den, der glaubt, hat ein Leben begonnen.

Hab keine Angst, denn ich erlöse dich.
Ich rufe dich beim Namen, mein bist du.
Lothar Zenetti[23]

Hab keine Angst –
bald stehen die Bäume grün im Land.
Hab keine Angst –
bald wächst aus Kreuzen neues Leben.
Hab keine Angst –
bald bricht die Sonne durch das Grau.
Der Weg, der fremd und ungewiß vor deinen Füßen liegt,
führt dich empor, führt dich zum Ostern.
Aus einer Todesanzeige

Von der Mitte zurück ins Leben: Sich ins Licht der Osterkerze stellen

Wie leicht kann unsere Welt zusammenbrechen, wenn unsere Tage gezählt sind! Und wie viele brechen auch über diese bittere Wirklichkeit zusammen. Manchmal frage ich mich auch, woher nimmt dieser Mann oder diese Frau die Kraft, trotz dieser Hiobsbotschaft noch so aufrecht zu leben, obwohl ich bisher bei ihnen kein großes Gottvertrauen erspüren konnte?

Aber neben dieser Erfahrung habe ich auch viele Jugendliche und Erwachsene begleiten dürfen, die wirklich aus dem Glauben heraus „im Licht der Osterkerze" ihre Krankheit und ihr Leben anders gesehen haben: Weil sie sich auf die Mitte unseres Glaubens eingelassen haben, sahen sie alles in einem anderen Licht. Sie beobachteten die Welt mit den beiden Augen des Taumelkäfers, die Wirklichkeit und den „Himmel", die große Zukunft.
Diese Sicht der Dinge fällt natürlich leichter, wenn mich dabei eine Hand hält. Eine Hand, die mir, wenn es sein muß, den Angstschweiß von der Stirne wischt. Von welchen Menschen können solche Hände kommen?

Mitleiden

Wann immer Rabbi Mosche Löb einen leiden sah, an der Seele oder am Leibe, nahm er daran mit solcher Inständigkeit teil, daß das Leid zu seinem eigenen wurde. Als ihm jemand einmal seine Verwunderung darüber aussprach, daß er immer so mitleiden könne, sagte er: „Wie denn, mitleiden? Das ist doch mein eigenes Leid, wie kann ich denn anders als es leiden?“

Martin Buber[24]

Natürlich: Wer erreicht schon diese Höchstform? Aber ich weiß, wie wichtig es ist, am Krankenbett, oft wortlos, eine Hand zu halten. Was sie bedeuten kann, schrieb mir eine Frau unter der Überschrift:

Heilende Hände

Am fünften Tag meines Aufenthaltes auf der Intensivstation, es war der 16. Oktober, also mein Namenstag, hörte ich die Stimme einer Schwester sagen: „Sie haben Besuch.“

Zum erstenmal öffnete ich bewußt die Augen und sah in ein liebes, gütiges Gesicht. – Bisher hatte ich keinen Besucher, auch niemanden der Ärzte oder Schwestern wirklich wahrgenommen. Nun sah ich: Da stand er, der mir sehr viel bedeutet, der mir Freund und Bruder ist. Er reichte mir seine Hand, ich nahm sie mit meiner schwachen, freien Hand und hielt sie fest. Mich überkam eine große Freude. Dann sah ich ihn nicht mehr, hörte nur noch seine Stimme und spürte seine Hand.

Eine Kraft ging von ihr aus, die mich mir selbst übergab, weil alle meine Gefühle geweckt wurden und mir bestätigten, daß ich lebe. „Du hast meine Hand so festgehalten, als wolltest du sie nie wieder loslassen“, sagte er später. Ich weiß, daß ich tatsächlich so empfunden hatte.

Mir ist später erzählt worden, daß dieser Glaubensbruder in der Gemeinde für mich gebetet hat. Nur so, glaube ich, konnte ich die Kraft durch seine Hände erfahren.

In den restlichen Tagen meines Krankenhausaufenthaltes hat dieses Händehalten mir Glück, Mut und Zuversicht vermittelt. Folgende Zeilen habe ich später gelesen:
„Du streichelst mein Haar, ich spüre deine Hand, und in mir wird ein Gefühl stark: Mich ganz einzukuscheln in diese Hand, darin liegen und geborgen sein, ohne Angst, du könntest sie zu fest zusammendrücken oder sie zum Wegwerfen öffnen."

M. H.

Die Nähe des liebsten Menschen kann mich bis ins Innerste halten, weil mir in dieser Liebe auch Gott begegnen kann; denn in dieser Hand bin ich von der Hand Gottes gehalten, die mir Gleichgewicht schenkt. Von dieser Hand Gottes, die sie wirklich spürten, haben mir schon einige Kranke erzählt. Sie hatten das Stadium erreicht, das Ärzte mit „klinisch tot" umschreiben. Ich weiß, wie viele Bücher es in dieser Richtung gibt, aber hier ein authentischer Erfahrungsbericht, so wie ihn mir eine Frau aufgeschrieben hat:
Etwa zwei Stunden mit zunehmenden, starken Schmerzen. Schnelle Einlieferung ins Krankenhaus. Schwierige Operation. Und dann lag ich auf der Intensivstation. Geräte hatten die Funktion aller lebenswichtigen Organe übernommen. Ich selbst nahm nichts wahr.
Doch dann hatte ich folgendes Erlebnis:
Ein Alarmsignal irgendwelcher Geräte über oder hinter mir ließ das Personal zusammenlaufen. Ich hörte aufgeregte Stimmen, und dann sagte jemand: „Ex". Man redete auf mich ein: „Nun atmen Sie doch ..., das Gerät alleine schafft es nicht ... Sie müssen mithelfen!" Auf die ständig wiederholte Frage: „Hören Sie mich?" wollte ich durch Zeichen antworten; aber ich fühlte mich unfähig, auch nur einen Finger zu bewegen. Soll dies das Ende sein?

Blitzschnell lief mein Leben vor meinem inneren Auge ab. Meiner Fehler war ich mir sehr wohl bewußt; aber kein Gefühl von Angst kam in mir auf. Statt dessen entstand ein Bild vor mir: Eine große, offene Hand in endloser Dunkelheit. Ein Gefühl der Ruhe überkam mich, und ich fühlte mich aufgehoben, geborgen, sicher.
Sollte das Ende so sein, dann brauchte ich nichts zu fürchten. Ich dachte: „Wenn ich in diese unendliche Dunkelheit stürze, kann mir nichts geschehen. Falle ich, so falle ich in diese Hand, denn es ist Seine Hand. Er fängt mich auf und wird mich weitertragen!"
Ob es sich hier um einen Traum oder um Wirklichkeit handelte, spielt für mich keine Rolle. Dieses wunderbare Erlebnis der völligen Angstlosigkeit, verbunden mit einem höchsten Glücksempfinden, wirkt sich immer noch in meinem Alltag aus! Es hilft mir immer wieder, meine aufkommende Angst zu überwinden und vermittelt mir Kraft und Sicherheit sowie das Bewußtsein, daß Gott mir ständig nahe ist. In seiner Gegenwart darf ich leben und sterben!

H. M.

Ich muß also von Gott und Mitmenschen getragen werden, um nicht aus dem Gleichgewicht zu geraten. Das Gleichnis des Wagenrades zeigt das Gesagte deutlich auf:

Die Speiche — ich — werde von zwei Seiten gehalten: Von der Mitte (= Gott) und den Mitmenschen. Dann habe ich Halt. Und die Mitte gibt mir den *letzten* Halt.

Die katholische Kirche bietet mir für diesen Halt aus der Mitte zwei sichtbare Heilmittel an. Fast hätte ich gesagt: So wie Sie Tabletten einnehmen, um wieder gesund zu werden oder die Schmerzen zu lindern, so gibt es das Heilmittel der Kommunion. Es ist der Leib Christi in der Gestalt des Brotes, der mir so nahe kommen will, wie es kein Mensch kann: Ich kann ihn essen. Er verbindet sich mit mir, damit ich seine Nähe spüren kann und in ihm mich gehalten fühle. Nehmen Sie doch dieses Heilmittel der Unsterblichkeit an! Oder wäre ein begleitendes Gespräch mit einem gläubigen Menschen oder einem Priester vielleicht sinnvoll?
Sie sind doch keine Maschine, die — wenn sie krank oder alt ist — ausrangiert wird! Sie dürfen sich auch nicht als Eintagsfliege sehen, die heute lebt, um morgen schon zu sterben. Sie leben als Mensch, geliebt und aufgehoben bei Gott für eine Ewigkeit. Für den Weg dorthin schenkt uns Christus seinen Herzensfrieden: „Kommt alle zu mir, die ihr euch plagt und schwere Lasten zu tragen habt. Ich werde euch Ruhe verschaffen. Nehmt mein (leichtes) Joch auf euch und lernt von mir; denn ich bin gütig und von Herzen demütig; so werdet ihr Ruhe finden für eure Seele“ (Mt 11,28f).

Vom Sakrament der Krankensalbung

In der Heiligen Schrift steht noch ein Angebot — über Jesu Worte hinaus: „Ist einer von euch krank? Dann rufe er die Ältesten der Gemeinde zu sich; sie sollen Gebete über ihn sprechen und ihn im Namen des Herrn mit Öl salben. Das gläubige Gebet wird den Kranken retten, und der Herr

wird ihn aufrichten; wenn er Sünden begangen hat, werden sie ihm vergeben“ (Jak 5, 14.15).
Dieses Sakrament der Krankensalbung, bei dem Ihnen ein Priester schweigend die Hände auflegt und dann Stirn und Hände mit geweihtem Öl salbt, ist ein Sakrament *der Lebenden:* Es darf in jeder schweren Krankheit gespendet werden. Es soll den Kranken wieder aufrichten, durch die Vergebung der Schuld das Innere heilen und die Kräfte des Leibes aktivieren. Aber auch hier liegt ein Akzent auf der Gemeinschaft, die hinzukommen soll, denn eine Gemeinschaft ist immer hilfreich im Abbau der Ängste — allein durch die Gegenwart vieler Menschen und erst recht im gemeinsamen Gebet. Darum wird in manchen Gemeinden und Krankenhäusern dieses Sakrament der Krankensalbung auch in einer Gemeinschaftsfeier gespendet. Sie können um diese Krankensalbung auch vor einer schweren Operation bitten.

Die Zwölf machten sich auf den Weg und riefen die Menschen zur Umkehr auf. Sie salbten viele Kranke mit Öl und heilten sie.

(Mk 6, 12.13)

Die Menschen eilten durch die ganze Gegend und brachten die Kranken auf Tragbahren zu Jesus, sobald sie hörten, wo er war. Und immer, wenn er in ein Dorf oder eine Stadt oder zu einem Gehöft kam, trug man die Kranken auf die Straße hinaus und bat ihn, er möge sie wenigstens den Saum seines Gewandes berühren lassen. Und alle, die ihn berührten, wurden geheilt.

(Mk 6, 55.56)

Das alles meine ich mit der Überschrift: Sich ins Licht der Osterkerze stellen und „Ja“ sagen zum leidenden und auferstandenen Christus. Er kann mir neue Kraft geben, geduldig und tapfer alles Schwere zu tragen, auch den Gedanken an den eigenen Tod.

Sich in den Schatten des Kreuzes stellen

Ein Mann wollte seinen Schatten loswerden, aber, was er auch anstellte, es gelang ihm nicht: Er wälzte sich auf dem Boden, sprang ins Wasser, versuchte, über den Schatten wegzuspringen. Alles vergeblich.
Ein weiser Mann, der diese Geschichte hörte, meinte dazu: „Das wäre doch ganz einfach gewesen, den Schatten loszuwerden!" „Wieso einfach?" fragten die Umstehenden neugierig, „was hätte er denn machen sollen?" Und der weise Mann gab zur Antwort: „Er hätte sich nur in den Schatten eines Baumes zu stellen brauchen."

Die Überschrift dieser Geschichte zeigt schon die christliche Deutung, den Schatten = die Schuld loswerden. In der Deutung auf die Osterkerze gehe ich noch ein Stück weiter: Das Licht des Auferstandenen, der mich schon erlöst hat, begleitet mich auf meinen Schritten aus der Spirale hinaus ins neue Leben — aber als Verwandelten — mit anderen Augen.

Von der Mitte zurück ins Leben: Gott vertrauen

Glaube ist der Vogel, welcher singt,
wenn die Nacht noch dunkel ist.
R. Tagore

Wenn Gott ein Herz hatte für seinen Sohn und ihn nicht in Leid und Tod ließ, dann dürfen auch wir diesem Gott vertrauen. Die Treue dieses Gottes, der „überall für uns da ist“, hat das Volk Israel durch Jahrtausende erfahren: Vertrau ihm, Volk Gottes, zu jeder Zeit! Schüttet euer Herz vor ihm aus! Denn Gott ist unsere Zuflucht (Ps 62,9).
Wir singen — manchmal vielleicht gedankenlos — im Lied „Lobe den Herren, den mächtigen König der Ehren“ in der zweiten Strophe: „... der dich auf Adelers Fittichen (= Flügel) sicher geführet“. Ein wunderbares Bild für das Angebot Gottes an uns, bei ihm Zuflucht zu nehmen: Der Adler baut im unzugänglichen Fels seinen Horst. Und wenn seine Jungen flügge sind, wirft er sie aus dem Nest. Nach kurzer Zeit erlahmen ihre Flügel, und sie würden ins Bodenlose stürzen, wenn der Adler nicht wie ein „Flugzeugträger“ unter ihnen schwebte und sie auf seinen Flügeln ausruhen ließe — bis daß sie neue Kraft geschöpft haben.
Gerade bei einer plötzlichen Krankheit fühlen wir uns wie aus dem Nest gestoßen. Das verhindert Gott nicht. Aber er bietet uns „seine Flügel“ an. Wer nicht den Blick für dieses Angebot hat, kann abstürzen; wer aber ihm vertraut, kann in seiner Nähe neue Kraft schöpfen.

Es gibt eine herrliche Geschichte, in der das Vertrauen auf den Vater uns anschaulich vor Augen steht:

Er ist ja mein Vater

Hoch über dem Marktplatz einer kleinen Stadt hatte ein Seiltänzer sein Seil gespannt und machte dort oben unter den staunenden Blicken vieler Zuschauer seine gefährlichen Kunststücke. Gegen Ende der Vorstellung holte er eine Schubkarre hervor und fragte einen der Anwesenden: „Sagen Sie, trauen Sie mir zu, daß ich die Karre über das Seil schiebe?" — „Aber gewiß", antwortete der Gefragte fröhlich, und auch mehrere andere der Umstehenden stimmten der Frage sofort zu. „Würden Sie sich dann meiner Geschicklichkeit anvertrauen, sich in die Karre setzen und von mir über das Seil fahren lassen?" fragte der Schausteller weiter. Da wurden die Mienen der Zuschauer ängstlich. Nein, dazu hatten sie keinen Mut! Nein, das trauten sie sich und ihm nicht zu.
Plötzlich meldete sich ein Junge. „Ich setze mich in die Karre", rief er, kletterte hinauf, und unter dem gespannten Schweigen der Menge schob der Mann das Kind über das Seil. Als er am anderen Ende ankam, klatschten alle begeistert Beifall. Einer aber fragte den Jungen: „Sag, hattest du keine Angst da oben?" „Oh nein", lachte der, „der mich über das Seil schob, ist ja mein — Vater!"[25]

Mein Lebenstau um das Kreuz gelegt, und ich kann leben aus einer vertrauensvollen Geborgenheit ohne alle Furcht.

Der Herr versorgt mich.
Warum sollte ich mir Sorgen machen?
Wenn die Lichter verlöschen und es dunkel wird,
wenn ich einsam bin, wenn ich krank bin
und den Tod fürchte –
wenn ich schuldig bin vor dir, Herr,
und deine Hand verloren habe,
fürchte ich doch nicht, dich zu verlieren.
Denn du bist bei mir.
Dein Kreuz tröstet mich,
das Zeichen, daß du mich liebst, daß du mir nahe bist
und daß ich dir gehöre.

Psalm 23, nach Jörg Zink

Den Tod durch Erschießen vor Augen konnte aus diesem Gottvertrauen heraus Dietrich Bonhoeffer noch dichten:

Von guten Mächten wunderbar geborgen,
erwarten wir getrost, was kommen mag.

Gott ist mit uns am Abend und am Morgen
und ganz gewiß an jedem neuen Tag.
Dietrich Bonhoeffer[26]

Selbst da hält mich Gott, wo ich meine, er habe mich alleine gelassen. Ich möchte es jedenfalls glauben:

... wo ich dich getragen habe

Eines Nachts hatte ein Mann einen Traum.
Er träumte, er würde mit Christus am Strand entlang spazieren. Am Himmel über ihnen erschienen Szenen aus seinem Leben. In jeder Szene bemerkte er zwei Paar Fußabdrücke im Sand, eines gehörte ihm, das andere dem Herrn.
Als die letzte Szene vor ihm erschien, schaute er zurück zu den Fußabdrücken und bemerkte, daß sehr oft auf dem Weg nur *ein* Paar Fußabdrücke im Sand zu sehen war. Er stellte ebenfalls fest, daß dies gerade während der Zeiten war, in denen es ihm am schlechtesten ging.
Dies wunderte ihn natürlich, und er fragte den Herrn: „Herr, du sagtest mir einst, daß ich mich entscheiden sollte, dir nachzufolgen; du würdest jeden Weg mit mir gehen. Aber ich stelle fest, daß während der beschwerlichsten Zeiten meines Lebens nur *ein* Paar Fußabdrücke zu sehen ist. Ich verstehe nicht, warum! Wenn ich dich am meisten brauchte, hast du mich allein gelassen."
Der Herr antwortete: „Mein lieber, lieber Freund, ich mag dich so sehr, daß ich dich niemals verlassen würde. Während der Zeiten, wo es dir am schlechtesten ging, wo du auf Proben gestellt wurdest und gelitten hast — dort, wo du nur *ein* Paar Fußabdrücke siehst —, es waren die Zeiten, wo ich dich getragen habe."

Jesus hat es uns in der Erzählung vom Sturm auf dem See (Mk 4, 35—40) deutlich und fast vorwurfsvoll gesagt: Wenn wir in die Stürme des Lebens kommen und unterzugehen drohen, wenn wir meinen, er sei nicht da oder schliefe und klagen: „Meister, kümmert es dich nicht, daß wir zugrunde gehen?“, dann ruft er uns zu: „Warum habt ihr solche Angst? Ihr habt einen zu kleinen Glauben!“ Und an anderer Stelle sagt er: „Handelt wie ein kluger Mann, der sein Haus auf Fels baute. Als nun ein Wolkenbruch kam und die Wassermassen heranfluteten, als die Stürme tobten und an dem Haus rüttelten, da stürzte es nicht ein: Denn es war auf Fels gebaut“ (Mt 7, 24.25). So ein Fels ist Gottvertrauen.

Nur für heute werde ich glauben —
selbst, wenn die Umstände das Gegenteil
zeigen sollten —,
daß Gott für mich da ist, als gäbe es sonst niemanden in der Welt.

Papst Johannes XXIII.

Von der Mitte zurück ins Leben: Mich in Gottes Willen ergeben

Manchmal kennen wir Gottes Willen.
Manchmal kennen wir nichts.
Erleuchte uns, Herr, wenn die Fragen kommen.

Manchmal sehen wir Gottes Zukunft.
Manchmal sehen wir nichts.
Bewahre uns, Herr, wenn die Zweifel kommen.

Manchmal spüren wir Gottes Liebe,
manchmal spüren wir nichts.
Begleite uns, Herr, wenn die Ängste kommen.

Kurt Marti/Armin Juhre[27]

Auf dem Weg durch die Spirale zurück ins Leben sehen wir nur bis zur nächsten Biegung. Gott aber überschaut unseren ganzen Weg. Können wir deshalb in unserer beschränkten Sicht Gott richtig bitten?

Glück oder Unglück?

Ein Bauer hatte sehr mageres Land zu beackern, nur einen Sohn, der ihm half, und nur ein Pferd zum Pflügen. Eines Tages lief ihm das Pferd davon. Alle Nachbarn kommen und bedauerten den Bauern ob seines Unglückes. Der Bauer blieb ruhig und sagte: „Woher wißt ihr, daß es Unglück ist?"
In der nächsten Woche kam das Pferd zurück und brachte zehn Wildpferde mit. Die Nachbarn kamen wieder und

gratulierten ihm zu seinem Glück. Wieder blieb der Bauer ruhig und sagte: „Woher wißt ihr, daß es Glück ist?"
Eine Woche später ritt sein Sohn auf einem der wilden Pferde und brach sich ein Bein. Nun hatte der Bauer keinen Sohn mehr, der ihm helfen konnte. Die Nachbarn kommen und bedauerten sein Unglück. Wieder blieb er ruhig und sagte: „Woher wißt ihr, daß es Unglück ist?"
In der folgenden Woche brach ein Krieg aus, und Soldaten kamen ins Tal, um junge Männer mitzunehmen, mit Ausnahme des Bauernsohnes, der nicht mit mußte, weil er sich ein Bein gebrochen hatte.

Parabel aus China

Erfolg ist keiner der Namen Gottes.

Martin Buber

Aus dem Gebet an einem Spital in New York:

Herr, ich habe dich um Kraft gebeten, Erfolg zu haben. Du hast mich schwach werden lassen, damit ich gehorchen lerne.
Ich habe dich um Gesundheit gebeten, um große Dinge zu tun. Ich habe die Krankheit erhalten, um Besseres zu tun.
Ich habe dich um Macht gebeten, um von den Menschen geschätzt zu werden. Ich habe die Ohnmacht erhalten, um Verlangen nach dir zu spüren.
Ich habe nichts erhalten von dem, was ich erbeten hatte.
Ich habe aber alles erhalten, was ich erhofft habe.

Wir sind nur Menschen, die immer eine beschränkte Sicht haben werden. Darum beten wir richtiger, wenn wir nach jeder Bitte anfügen: „Aber, Herr, *dein* Wille geschehe!" Denken wir an dieser Stelle im Vaterunser nicht meistens: „Herr, *mein* Wille geschehe!"? Sonst könnten die Enttäuschungen, wenn das Gewünschte nicht geschieht, nicht so groß sein.

Das hat Jesus so groß gemacht: Seine Ergebenheit in Gottes Willen. Es gibt heute Kranke, die körperlich und seelisch sicher noch schlimmer leiden als Jesus in seinem Martyrium am Kreuz: Wenn zum Beispiel in einem Menschen monatelang ein Krebs wuchert, wer durch endlose Chemotherapien muß, wer jahrelang in einem Gefängnis seelischer Folter ausgesetzt ist. Jesu Größe besteht darin, nach dem Ringen am Ölberg im Gehorsam zum Vater zum Kreuz und Leiden bedingungslos „Ja" gesagt zu haben.
Wenn wir uns auf diese Haltung Jesu einlassen, werden wir spüren, wie uns in der Not Kräfte zufließen. Wir dürfen darauf vertrauen, nicht über unsere Kräfte hinaus geprüft zu werden, heißt es doch bei Paulus: „Wer also zu stehen meint, der gebe acht, daß er nicht fällt. Noch ist keine Versuchung über euch gekommen, die den Menschen überfordert. Gott ist treu: Er wird nicht zulassen, daß ihr über eure Kraft hinaus versucht werdet. Er wird euch in der Versuchung einen Ausweg schaffen, so daß ihr sie bestehen könnt" (1 Kor 10, 12.13). Ob das wirklich stimmt? Ob das alle Leidenden unterschreiben können?

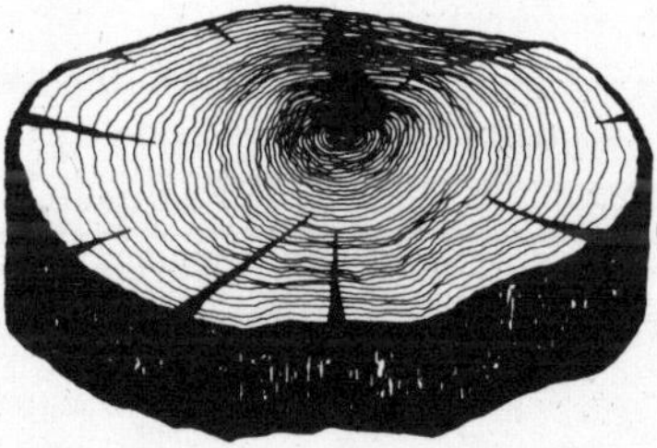

Um den Schöpfer und Erlöser, um die Mitte unsere Jahresringe oder unsere Tage legen: in dürren und fruchtbaren, schlechten und guten Zeiten.

Gebet von Mönchen auf dem Berg Athos:

Beim Einatmen: „Herr, gib mir deinen Geist!"
bei jedem Ausatmen: „In deine Hände, Herr,
befehle ich meinen Geist!"

Vielleicht beten Sie leise für sich dieses alte Gebet:

Herr, wie du willst, soll mir geschehn,
und wie du willst, so will ich gehn.
Hilf, deinen Willen zu verstehn!

Herr, wann du willst, dann ist es Zeit,
und wann du willst, bin ich bereit
heut' und in alle Ewigkeit.

Herr, was du willst, das nehm' ich hin,
und was du willst, ist mir Gewinn,
genug, daß ich dein Eigen bin.

Herr, weil du's willst, drum ist es gut.
Und weil du's willst, drum hab' ich Mut.
Mein Herz in deinen Händen ruht.

Wer öfter so betet, spürt, wieviel gelassener und ruhiger er wird. Wir brauchen uns dann selbst mit all den quälenden Fragen nicht mehr herumzuschlagen. Er bietet uns an, sie jetzt *Ihm* zu überlassen. Die christliche Gelassenheit in den Willen Gottes kann eine ungeheure Sprengkraft haben, wie folgender Bericht verdeutlicht:

Die Votivtafel

Ein Votivbild in einer obersteirischen Bergkapelle zeigt ein Bauernehepaar mit erhobenen Händen vor einem niedergebrannten Gehöft. Darunter steht dem Sinne nach: „Wir sind sieben Stunden gewandert, um den Segen eines neu geweihten Priesters zu empfangen. Als wir heimkamen, war unser Haus niedergebrannt. Dabei sind auch unsere fünf Kinder unter den brennenden Balken ums Leben gekommen. Wir stiften diese Opfertafel Gott und Unserer Lieben Frau zum Dank, daß wir in dieser Heimsuchung nicht kleingläubig geworden sind."

Max Rößler[28]

Ich lege mich nie zu Bett, ohne zu bedenken,
daß ich vielleicht am anderen Tag nicht mehr sein werde,
und es wird mir doch kein Mensch von allen, die mich kennen, sagen können, daß ich im Umgang mürrisch oder traurig wäre. Und für diese Glückseligkeit danke ich alle Tage und wünsche sie von Herzen jedem meiner Mitmenschen.

Wolfgang Amadeus Mozart

Gelassenheit prägt Menschen bis zu einer Demut (= Mut zu Dienen), über die wir nur staunen können:

Ihr sucht den Falschen

Als Rabbi Schmelke und sein Bruder zum Maggid gekommen waren, brachten sie dies vor: „Unsere Weisen haben ein Wort gesprochen, das uns keine Ruhe läßt, weil wir es nicht fassen können. Das ist das Wort, der Mensch solle Gott für das Übel lobpreisend danken wie für das Gute und solle es in gleicher Freude empfangen. Ratet uns, Rabbi, wie wir es fassen."
Der Maggid antwortete: „Geht in das Lehrhaus, da werdet ihr Sussja finden, wie er seine Pfeife raucht. Er wird euch

die Deutung sagen." Sie gingen ins Lehrhaus und legten Rabbi Sussja ihre Frage vor. Er lachte: „Da habt ihr euch den Rechten ausgesucht! Ihr müßt euch schon an einen andern wenden und nicht an einen wie mich, dem zeitlebens kein Übel widerfuhr." Sie aber wußten: Es war Rabbi Sussjas Leben vom Tag seiner Geburt an bis zu diesem Tag aus Not und Pein ohne andern Einschlag gewoben. Da verstanden sie, was es heißt, Leid in Liebe zu empfangen.[29]

Wer nur den lieben Gott läßt walten
und hoffet auf ihn allezeit,
den wird er wunderbar erhalten
in aller Not und Traurigkeit.
Wer Gott dem Allerhöchsten traut,
der hat auf keinen Sand gebaut.

Was helfen uns die schweren Sorgen,
was hilft uns unser Weh und Ach?
Was hilft es, daß wir alle Morgen
beseufzen unser Ungemach?
Wir machen unser Kreuz und Leid
nur größer durch die Traurigkeit.

Sing, bet und geh auf Gottes Wegen,
verricht das Deine nur getreu
und trau des Himmels reichem Segen,
so wird er bei dir werden neu.
Denn welcher seine Zuversicht
auf Gott setzt, den verläßt er nicht.[30]

Von der Mitte zurück ins Leben: Beten und arbeiten

Wir nähern uns langsam auf dem Weg durch die Spirale dem Ausgang. Bevor uns der Alltag wieder in die Pflicht nimmt, darf ich versuchen, unseren Blick noch für einige christliche Geheimnisse zu öffnen. Darf ich es *versuchen?*

Hilf mir, Gott, so ausgeglichen zu sein,
daß ich Dinge hinnehme, die ich nicht ändern kann.
Hilf mir, Gott, so mutig zu sein,
daß ich Dinge ändere, die ich ändern kann.
Hilf mir, Gott, und erleuchte mich,
damit ich das eine vom anderen unterscheiden kann.

Ja, Herr, erleuchte mich, daß ich das eine vom anderen unterscheiden kann! Solche Lieder wie „Wer nur den lieben Gott läßt walten" oder das ähnliche „Was Gott tut, das ist wohlgetan ..., ihm will ich mich ergeben", die ich gerne singe, sind in einem gewissen Sinne auch gefährliche Lieder: Weil ich unter Umständen zu früh die Hände in den Schoß lege und mich treiben lasse. Manches Leid und Kreuz, das andere tragen müssen, wären vielleicht nicht nötig, wenn ich früh genug – oder jetzt noch! – den Mund aufgetan oder die Hände gerührt hätte. Es gibt eine Geschichte zum Schmunzeln, die uns drei Möglichkeiten vor Augen hält:

Die drei Frösche

Es gab drei Frösche, die fielen in ein Faß Milch. Als sie nicht wieder heraus konnten, war unter ihnen einer, ein Optimist, der sagte: „Ach, wir werden schon rauskommen, wir warten nur ab, bis jemand kommt.“ Er schwamm so lange herum, bis seine Atemwege von der Milch verklebt waren. Dann ging er unter.
Der andere war ein Pessimist, der sagte: „Man kann ja überhaupt nichts machen!“ Und dabei ging er unter.
Der dritte war ein Realist. Er sagte: „Wollen wir doch strampeln, man kann nie wissen. Strampeln wir!“ Und so strampelte er stundenlang. Plötzlich spürte er etwas Festes unter seinen Füßen. Er hatte aus der Milch Butter gestrampelt. Nun kletterte er auf den Butterkloß und sprang hinaus.[31]

Es ist wirklich, um ein anderes Bild zu gebrauchen, wie in einem Ruderboot: *Beide* Ruder muß ich betätigen, um gradlinig vorwärts zu kommen. Wenn ich nur *ein* Ruder betätige, drehe ich mich im Kreise. Das heißt übertragen: Wenn ich *nur* bete und auf Gott vertraue, genügt das nicht; stürze ich mich aber *nur* in Aktivitäten, mache ich es auch falsch. Jedesmal drehe ich mich im Kreise. „Bete *und* arbeite!“, dieses alte Ideal der Benediktinermönche umschreibt die goldene Mitte:

Sich in die Hände Gottes fallen lassen —
und doch mit allen Kräften wirken.
Auf Gott vertrauen — und doch alles planen.

Von der Mitte zurück ins Leben: Die Macht der Ohnmacht

Es gibt das „Geheimnis" der kommunizierenden Röhren: Es ist gleich, in welche Röhre ich etwas hineingieße: Alle anderen Röhren „kommunizieren" gleichmäßig mit.

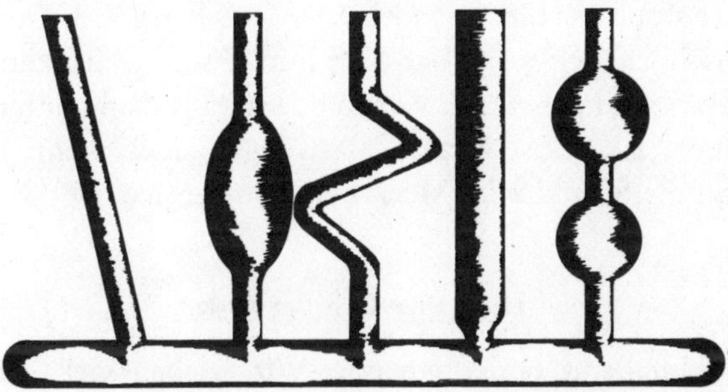

Um die Wirkung zunächst negativ aufzuzeigen: Wenn ein Schüler in der Klasse einen Diebstahl begeht, dann ist das nicht nur „seine Sache". Diese Tat, vor allem, wenn sie unentdeckt bleibt, legt sich wie ein Rauhreif auf das Vertrauen untereinander: „Unter uns ist ein Dieb. Ich kann den anderen nicht mehr vertrauen." So steigt in jedem dieses Mißtrauen hoch und vergiftet die Atmosphäre der Klasse. Jede Gemeinschaft lebt nach den Gesetzen dieser kommunizierenden Röhre: Ob Familie, Dorfgemeinschaft oder Krankenzimmer. Was jeder hineingibt, positiv oder negativ, ergibt die Gesamtatmosphäre dieser Gemeinschaft. Und wenn ich dazugehöre, liegt es auch an meinem Tun und Lassen, das Wohlbefinden einer Gemeinschaft zu steuern.

Auch auf der geistlichen Ebene wirkt dieses Prinzip der kommunizierenden Röhren: Die fünf Röhren könnten die Erdteile sein. Wenn ich für einen in Südamerika bete, dann wird das über die „Luftbrücke" Christus auch diesem Menschen zukommen. Ich kann sogar für einen Verstorbenen beten, denn im Vater und in Christus sind wir mit allen verbunden. Und jetzt kommt das, was ich eigentlich sagen will: So wie Christus für die Schuld aller Menschen stellvertretend das Kreuz getragen hat, so kann auch ich mein Leiden aufopfern für irgendeinen Menschen oder für die Menschheit. Ich weiß, daß sich mit diesem Gedanken der Stellvertretung viele schwertun oder nichts damit anfangen können; ich selbst kann ja dazu sagen, auch wenn Jesus schon die Schuld *aller* Menschen getragen hat.

Die ganze Last der Erde

Der Unfallarzt berichtete mir: Wir erleben viel Schlimmes! Oft fragt man sich da: Was ist der Mensch? Aber einmal erfuhr ich es — besser: ich erfuhr, was der Mensch sein kann.

Es ereignete sich vor einigen Jahren bei einem an sich noch glimpflich verlaufenen Eisenbahnunglück auf der Strecke nach L. Der dritte Wagen eines Personenzuges sprang aus den Schienen, stürzte die Böschung hinab, riß den vierten Wagen mit und wurde von diesem regelrecht aufgespießt. Der Zug war fast nicht besetzt. Es gab einige Leichtverletzte, aber unter den Trümmern des dritten Wagens befanden sich ein Mann, eine junge Frau und ein Kind. Durch die Wucht des Aufpralles war das Kind nach vorn in das Abteil des Mannes geschleudert worden. Wir konnten die bewußtlose Mutter rasch befreien. Aber der Mann war in ein zerrissenes Gestänge, in Holz und Eisen eingezwängt, und ein Stahlträger drückte schwer und unerträglich auf seine Schultern. Er wollte diese Last von sich abschütteln, aber da — entdeckte er das Kind, das hellwach und gesund vor ihm lag. Anderthalb Jahre war es gerade, aber es konnte nicht wegkriechen, weil sich ein Kabel um sein linkes Beinchen geschlungen hatte. Und der Mann erkannte: Sobald er sich bewegte, käme auch der Stahlträger über dem Kopf des Kindes in Bewegung. „Ich kann mich retten", wird er sicherlich gedacht haben, „ich brauche nur unter dem Stahlträger herauszukriechen". Aber dann wäre das Kind verloren gewesen; der Stahlträger hätte sich unweigerlich auf das Kind herabgesenkt und es erdrückt. Wir erreichten die beiden nach genau 52 Minuten. Solange dauerte es, bis wir alarmiert, die Strecke zum Unfallort zurückgelegt und uns den nötigen Überblick über den richtigen Einsatz im Zentrum des Unglücks verschafft hatten. Zuerst fanden wir das Kind, das uns entgegenlachte. Wir befreiten sein Beinchen von der Kabelschlinge und zogen es vorsichtig unter dem schräg nach oben laufenden Stahlträger hervor. Dann rief mich der Einsatzleiter: „Sehen Sie sich das an", sagte er, und wir sahen auf diesen Menschen, wie er zusammengekrümmt die Last des Stahlträgers auf der Schulter trug. Er war darüber gestorben. Aber er hatte über seinen Tod hinausgedacht; die Beine dicht unter seinen Körper gezogen und die Ellenbogen auseinandergestemmt, so daß er nicht umsinken konnte. Als die Männer vom Hilfstrupp den schweren Träger von seinen Schultern hoben, blieb der Tote steif und starr in seiner Haltung.

Auch wir Ärzte wissen, zu welcher Willensanstrengung der Mensch fähig ist. Aber daß sich dieser unbändige Wille über den Tod hinaus erhalten würde, und zwar physisch in der ganzen Muskulatur, das erschütterte mich bis ins Tiefste. Selbst die Männer, die schon so viel erlebt und gesehen haben in ihren Einsätzen, waren erschüttert. Wir blickten auf den starren Menschen mit der tief eingekerbten, blutigen Schulter und wurden stumm.
Hier hatte ein Mensch durch sein Opfer den Tod überwunden. Seine Tat überlebte ihn. Wir können hoffen. Der Tod ist nicht das Ende!"

Wolfgang Altendorf[32]

Dieser Mann hat sein Leben zur Rettung des Kindes eingesetzt. Vielleicht hält unsere Welt zwischen so viel Terror und Gewalt nur deshalb ihr Gleichgewicht, weil so viele Menschen im Leid und Kreuz über sich hinauswachsen und von diesen Dienern der Liebe eine Signalwirkung auf andere übergeht.[33] So wie bei diesem Mädchen:

Jeder kann die Welt verwandeln

Ein aussätziges und hungerndes Mädchen in Süd-China wurde eines Tages von den Bewohnern eines kleinen Dorfes mit Stöcken und Steinen aus seiner Heimat hinausgetrieben. Ein Missionar sah den Menschenauflauf, trat unter die Menge, nahm das Kind auf seine Arme und trug es fort. Die Leute wichen zurück und schrien: „Aussatz! Aussatz!"
Unter Tränen fragte das Mädchen seinen Retter: „Warum kümmerst du dich um mich?"
„Weil Gott uns beide erschaffen hat. Deshalb bist du meine Schwester, und ich bin dein Bruder. Du wirst nie wieder hungrig und heimatlos sein."

„Aber wie kann ich dir das wiedergutmachen?"
„Schenk möglichst vielen die gleiche Liebe!"
In den drei Jahren bis zu seinem Tod verband dieses Mädchen den anderen Aussätzigen die Wunden, fütterte sie, aber vor allem: es liebte sie. Beim Tode des 11jährigen Kindes sagten die Aussätzigen: „Unser kleiner Himmel ist in den Himmel zurückgekehrt."[34]

Es ist besser ein Licht anzuzünden,
als über die Dunkelheit der Welt zu schimpfen.
Indem die Kerze sich verzehrt, leuchtet und wärmt sie.

Ich glaube, daß Gott aus allem, auch aus dem Bösesten, Gutes entstehen lassen kann und will. Dafür braucht er Menschen, die sich alle Dinge zum Besten dienen lassen. Ich glaube, daß Gott uns in jeder Notlage so viel Widerstandskraft geben will, wie wir brauchen. Aber er gibt sie nicht im voraus, damit wir uns nicht auf uns selbst, sondern allein auf ihn verlassen. In solchem Glauben müßte alle Angst vor der Zukunft überwunden sein.

Ich glaube, daß auch unsere Fehler und Irrtümer nicht vergeblich sind und daß es Gott nicht schwerer ist, mit ihnen fertig zu werden als mit unseren Guttaten.
Ich glaube, daß Gott kein zeitloses Schicksal ist, sondern daß er auf aufrichtige Gebete und verantwortliche Taten wartet und antwortet.

Dietrich Bonhoeffer[35]

Von der Mitte zurück ins Leben: Gott kann jeden gebrauchen

Der Beduine, der sich in der Wüste auskennt, tauchte mich in tiefe Nachdenklichkeit mit seiner geheimnisvollen Bemerkung: Es genügt das Fehlen eines Sternes, damit eine Karawane die Richtung verliert.

Helder Camara

Ich weiß nicht, in welcher Verfassung Sie das Krankenhaus verlassen und mit welch bleibenden Schäden Sie vielleicht fertig werden müssen. Darf ich Ihnen für die Härte, die Sie da treffen mag, mein Mit-Gefühl aussprechen: Ich denke besonders an alle, die nie mehr das Bett oder den Rollstuhl verlassen können.
Wenn ich jetzt vielleicht zu schnell auf einen letzten Hinweis komme, dann deuten Sie das bitte nicht so, daß ich Ihre Lebenssituation nicht ernst genug nehme.
Dieser letzte Hinweis lautet: Gott kann Sie so gebrauchen, wie Sie jetzt sind. Und wenn Sie sich auch noch so gebro-

chen und überflüssig vorkommen. Um diese Glaubenswahrheit kreisen die beiden folgenden Geschichten:

Die Teekanne

Eine Teekanne, der übel mitgespielt worden war, erzählt: „Ihr hättet mich in meiner vollen Schönheit sehen sollen, als ich noch ganz war — mit Deckel, Henkel und vor allem meinem geschwungenen Ausguß, der Tülle. Sie machte mich zur Königin auf dem Tisch. Was waren dagegen denn auch die Tassen und Untertassen, die Zuckerdose, das Sahnekännchen und die Löffelchen? Ohne mich verblaßten sie doch. Und ich gebe zu: Ich habe sie das auch spüren lassen.

Dann passierte es! Eines Tages ließ mich eine feine Hand versehentlich fallen. Seitdem sehe ich so aus wie jetzt. Da lag ich nun halb ohnmächtig. Und das Gelächter der Teller und Tassen höre ich noch heute in meinen Ohren. Sie lachten nicht über die ungeschickte Hand, nein, sie spotteten über mich, daß *mir* das — endlich geschehen war!

Ich wurde weggestellt und schließlich einer Bettlerin mitgegeben. Sie machte das Furchtbarste, was einer Teekanne passieren kann: Sie füllte mich mit Dreck! Überlegt mal, Dreck, wo einmal die edelsten Teesorten ihr Aroma entfalteten! Dann drückte sie in diese Erde eine Blumenzwiebel. Ich spürte, wie sie wuchs; sie wurde mein neues, lebendiges Herz — statt meines bisherigen stolzen aus Stein. Und dann brach aus der Zwiebel eine wunderbare Blüte hervor. Weil sie so schön war, kamen wir aufs Fensterbrett. Und alle, die vorübergingen, schauten auf diese Blüte — nicht auf mich. Aber ich wußte, wie wichtig ich war: Ich hielt die Feuchtigkeit und gab ihren Wurzeln Halt. Ich muß euch sagen, ich war noch nie im Leben so zufrieden wie damals, als ich ganz für diese Blume da war — als ich mich ganz für diese Blume vergaß. Das wollte ich euch sagen!"

Nach einem Märchen von Christian Andersen

Vielleicht spricht Sie folgende Geschichte noch mehr an:

Der David des Michelangelo

Die Signoria in Florenz hatte einen großen Marmorblock bestellt und einen Bildhauer beauftragt, daraus eine Figur zu meißeln. Entweder war der Bildhauer kein sehr großer Bildhauer oder der Stein war schlecht gebrochen — der Bildhauer wußte mit dem Block nichts anzufangen. Er sah keine Möglichkeit, aus diesem Marmor eine Figur herauszuholen.
So lag der große Block herum. Die Versuche des hilflosen Bildhauers hatten ihm nicht gut getan. Andere Bildhauer kamen, schauten und gingen wieder. Mit diesem Stein war nichts mehr anzufangen. Eines Tages kam Michelangelo, der berühmte Maler und Bildhauer, in seine Vaterstadt. Ob ihm der Stein aufgefallen war oder ob man ihn darauf aufmerksam gemacht hatte — er begann sich mit ihm zu beschäftigen. Er schaute ihn an. Er schätzte seine Maße. Er maß ihn ab. Er überlegte. Immer deutlicher sah er vor sich, noch in Stein, die Figur, welche die Florentiner wünschten. Er sah den David, die Schleuder auf der Schulter, die Kieselsteine in der Hand, wie er gelassen und gelöst zum Kampf gegen Goliath ausschritt.
Die anderen sahen nur einen Steinblock, der unnötig und unbrauchbar im Weg lag. Michelangelo sah bereits den David. Er sah ihn in dem verpfuschten Marmor. Er nahm Hammer und Meißel und begann zu arbeiten. Die Neunmalklugen lachten. Wußten sie doch, daß aus diesem Block

nichts mehr werden könne. Er aber meißelte. Während sie noch redeten, argumentierten und bewiesen, daß er, auch er, scheitern werde, wuchs unter seinen Händen eine der großen Plastiken der Welt.[36]

Es kommt also auf den richtigen Blick an. Auch die Bibel erzählt uns zahlreiche Beispiele, was Gott aus hoffnungslosen Situationen noch entstehen ließ: Was hat Gott noch aus Josef gemacht, nachdem die Brüder ihn in den Brunnen geworfen hatten! Was hat Gott in Mose gewirkt, der den Auftrag Gottes nicht annehmen wollte, weil er stotterte! Wie hat Jesus den Petrus erhöht, obwohl der ihn im entscheidenden Augenblick verleugnet hat! Welches Werkzeug in der Hand Gottes wurde Saulus, nachdem er hingestreckt vor Damaskus lag!

Auf den Blick kommt es an

Ein anerkannter Schriftsteller erzählte an seinem 80. Geburtstag im Rückblick auf sein Leben: „Von Kind an war ich nur 30% arbeitsfähig. Bis zu meinem 40. Lebensjahr habe ich mit meinem Schicksal gehadert und mich bemitleidet. Mein Leben blieb unfruchtbar. Dann kam die Wende. Mein Arzt lehrte mich, mit Hilfe meiner Frau mein Leben anders zu sehen. Ich lernte, mein Leben mit seiner Behinderung anzunehmen. Von da an habe ich gesagt: ‚Ich bin *noch* 30% arbeitsfähig.‘ Und diese 30% habe ich genutzt.“
Sein Leben wurde fruchtbar. Er wurde ein bedeutender Schriftsteller und Philosoph.[37]

Ich traf einen jungen Mann,
kerngesund, modisch gekleidet, Sportwagen,
und fragte beiläufig, wie er sich fühle.
Was ’ne Frage, sagte er, beschissen!

Ich fragte, ein wenig verlegen,
eine schwerbehinderte ältere Frau
in ihrem Rollstuhl, wie es ihr gehe.
Gut, sagte sie, es geht mir gut.

Da sieht man wieder, dachte ich
bei mir, immer hat man
mit den falschen Leuten Mitleid.

Lothar Zenetti[38]

Von der Mitte zurück ins Leben: Danke sagen!

Danke für alle guten Freunde.
Danke, o Herr, für jedermann.
Danke, wenn auch dem größten Feinde
ich verzeihen kann.

Danke für manche Traurigkeiten.
Danke für jedes gute Wort.
Danke, daß deine Hand mich leiten will
an jeden Ort.

Wir stehen am Ausgang der Spirale. Da brauche ich Ihnen wohl nicht vorzuschlagen, was selbstverständlich ist: Dem Arzt zu danken und allen, die geholfen haben, wieder gesund zu werden. So wie es der junge Mann tat:

Danke

Im Krieg wurde ein junger Mann mit einem völlig zerfetzten Gesicht zum Lazarettarzt gebracht. Der Chirurg machte sich daran, das Gesicht wiederherzustellen. Allmählich ent-

stand unter den Händen des Arztes das zerstörte Gesicht wieder. Dann kam die letzte Phase der Operation. Dem Patienten wurde der zweite Mundwinkel zugenäht. Am Ende richteten die Helfer den Verwundeten auf. Da er infolge der örtlichen Betäubung noch keine Schmerzen hatte, bat ihn der Arzt: „So, nun sprechen Sie mal!"
Der junge Mann bewegte vorsichtig seine Lippen und artikulierte dann mit einem kleinen Lächeln: „Dankeschön!"[39]

Über so ein Dankeschön freut sich jeder, der Sie ein Stück begleitet hat — nicht erst beim Abschied. Jede Anerkennung bringt Freude und wirkt kleine Wunder, die Kreise ziehen, und auch anderen Kranken zugute kommen. In diesem Danken zwischendurch darf auch das Verständnis für die Überbeanspruchung des Personals mitschwingen. Denn bei immer größerem medizinischem Fortschritt wächst die Personalknappheit aus finanziellen Gründen, so daß die Zeit immer kürzer wird, um sich wirklich dem Kranken zu widmen. Genauso wichtig bleibt der Dank auf der anderen Ebene: Gott danken für jeden Tag, den er mir schenkt. Auch Jesus achtet auf dieses Danken, sonst gäbe es folgende Stelle nicht in der Bibel:

> *... Einer von ihnen aber kehrte um, als er sah, daß er geheilt war. Und er lobte Gott mit lauter Stimme. Er warf sich vor den Füßen Jesu zu Boden und dankte ihm. Dieser Mann war aus Samarien (also ein Ausländer). Da sagte Jesus: „Es sind doch alle zehn rein geworden. Wo sind die übrigen neun? Ist denn keiner umgekehrt, um Gott zu ehren, außer diesem Fremden?" Und er sagte zu ihm: „Steh auf und geh! Dein Glaube hat dir geholfen." (Lk 17, 15—19)*

Wahre Dankbarkeit besteht darin, auch dann noch dankbar zu sein, wenn meine Erinnerungen an die Krankheit wieder sehr schnell verblassen. Nur so halte ich mein Herz gesund:

Dankbarkeit schenkt Leben

Eines Tages begab sich das Leben auf Wanderschaft durch die Welt. Es ging und ging, bis es zu einem Menschen kam. Der hatte so geschwollene Glieder, daß er sich kaum rühren konnte. „Wer bist du?" fragte der Mann. „Ich bin das Leben." — „Wenn du das Leben bist, so kannst du mich vielleicht gesund machen", sprach der Kranke. „Ich will Dich heilen", sagte das Leben. „Aber Du wirst mich und Deine Krankheit bald vergessen." „Wie könnte ich Euch vergessen!" rief der Mann aus. „Gut. Ich will in sieben Jahren wiederkommen. Dann werden wir ja sehen", meinte das Leben. Es bestreute den Kranken mit Staub vom Wege. Kaum war das geschehen, ward der Mann gesund. Dann zog das Leben weiter zu einem Leprakranken und machte auch ihn gesund. Ebenso verfuhr es mit einem Blinden.

Als sieben Jahre vergangen waren, zog das Leben wieder in die Welt. Es verwandelte sich in einen Blinden und ging zuerst zu dem Menschen, dem es das Augenlicht wiedergegeben hatte. „Bitte, laß mich bei Dir übernachten", bat das Leben. „Was fällt Dir ein?" schrie der Mann es an. „Schere Dich weg! Das fehlte mir gerade noch, daß sich hier jeder Krüppel breit macht!" — „Siehst Du", sagte das Leben, „vor sieben Jahren warst Du blind. Damals habe ich Dich geheilt. Du versprachst, Deine Blindheit und mich niemals zu vergessen." Darauf nahm das Leben ein wenig Staub vom Wege, streute ihn auf die Spur dieses undankbaren Menschen. Von Stund an wurde dieser wieder blind.

Dann verwandelte sich das Leben in einen Leprakranken, aber auch der war undankbar und wurde wieder krank. Schließlich verwandelte sich das Leben in einen Menschen, dessen Glieder so geschwollen waren, daß er sich kaum rühren konnte. So besuchte es jenen Mann, den es vor sieben Jahren zuerst geheilt hatte. „Könnte ich bei Dir übernachten?" fragte ihn das Leben. „Gern. Komm nur herein", lud der Mann das Leben ein. „Setz Dich, Du Armer. Ich will Dir etwas zu essen machen. Ich weiß recht gut, wie Dir zumute ist. Einst hatte ich ebensolche geschwollenen Glieder. Gerade ist es sieben Jahre her, als das Leben hier vorüberkam und mich gesund machte. Damals sagte es, daß es nach sieben Jahren wiederkommen würde. Warte hier, bis es kommt. Vielleicht wird es auch Dir helfen." — „Ich bin das Leben", sagte das Leben. „Du bist der einzige von allen, der weder mich noch seine Krankheit vergessen hat. Deshalb sollst Du auch immer gesund bleiben."[40]

Wenn wieder ein Tag kommen sollte, an dem Sie unzufrieden oder sogar verzweifelt sein sollten, dann bedenken Sie folgende Kettenreaktion:

Undankbarkeit beginnt mit dem Vergessen,
aus Vergessen folgt Gleichgültigkeit,
aus der Gleichgültigkeit Unzufriedenheit,
aus der Unzufriedenheit Verzweiflung,
aus der Verzweiflung Fluch.
Dem Dankbaren zeigt Gott den Weg zu seinem Heil.
Laß dich fragen, ob dein Herz durch Undank so mürrisch,
so träge, so müde, so verzagt geworden ist!

Dietrich Bonhoeffer[41]

So wünsche ich Ihnen auf Ihrem Weg zurück in den Alltag für die kommenden Tage, Wochen und Jahre: Gottvertrauen,

Gesundheit, Dankbarkeit und gütige Menschen, die Sie begleiten.
Wer die Mitte gefunden hat, wer seine Mitte gefunden hat, darf mit „anderen Augen" leben.
Aber was wünsche ich denen, die nicht mehr den Weg nach draußen gehen, sondern wissen oder vermuten, daß sie sich für den „langen Heimweg" rüsten müssen? Ich möchte am liebsten gar nichts sagen, sondern Ihre Hand nehmen und an Ihrer Seite aushalten – auch im Namen dessen, der Ihnen ein barmherziger Gott sein möge.

Nachwort

> *„Ich war krank, und ihr habt mich besucht. Was ihr für einen meiner geringsten Brüder getan habt, das habt ihr mir getan."*
>
> *(Mt 25, 36.40)*

Liebe Angehörige des Kranken!

In der Regel des hl. Benedikt steht: „Den Kranken im Kloster diene man wie dem Herrn Jesus persönlich! Die Sorge für die Kranken geht allem vor!"
Ich weiß, wie die Pflege eines Kranken Ihre Kräfte übersteigen kann. Ja, wie sogar manche Familien daran zerbrochen sind. Darum heißt es in derselben Regel des hl. Benedikt auch — diesmal an die Kranken gerichtet: „Die Kranken sollen bedenken, daß man ihnen um Gottes Willen dient. Sie seien darum zu ihren Mitbrüdern nicht zu anspruchsvoll."[42]

In einem Hörspiel habe ich einmal den Satz aufgeschnappt „Kranke sind die Boten Gottes, uns zu prüfen." Ich meine, wenn es für uns keine Belastungen gäbe, würden unsere Türme und Planungen dann nicht in den Himmel wachsen? Aber was sind das für Türme? Wir sehen doch, wohin der „Wachstumsgott" unsere Gesellschaft gebracht hat! Und wie uns das „Immer mehr" nicht glücklicher macht. Wahrscheinlich bewahren uns die „Boten Gottes" davor, noch stolzer zu werden. Diese Herausforderungen heilen uns vielleicht bis in unser Inneres — mehr als wir glauben. Von diesem Heil-Werden erzählt auch die letzte Geschichte dieses Büchleins, die ich nicht tiefenpsychologisch deuten will:

Dienen heilt

Es war einmal ein König, der hatte zwei Töchter. Sie waren von großer Schönheit und außerordentlich klug, litten aber an einer rätselhaften Krankheit. Je älter sie wurden, desto schwächer wurden ihre Arme und Beine, ihre Augen und ihr Gehör. Schließlich konnten sie mit Mühe noch ein paar Schritte gehen und den Löffel zum Mund führen; das Augenlicht reichte gerade, um im Spiegel sich selbst zu sehen, und hören konnten die Mädchen nur, was ihnen ins Ohr gerufen wurde. Viele Ärzte hatten ihre Künste ausprobiert, doch die Krankheit schritt um so schneller voran.

Eines Tages kam an den Hof ein uralter Mann, von dem es hieß, er kenne das Geheimnis des Lebens. Der ganze Hof bat ihn um Hilfe für die kranken Prinzessinnen. Und der Alte hatte Mitleid mit den Mädchen. Er gab jedem der beiden ein Weidenkörbchen, mit einem Deckel verschlossen, und sagte: „Nehmt das und pflegt es gut; dann werdet ihr gesund werden."

Vor Freude und Erwartung hoben sie den Deckel ab, doch was sie sahen, ließ sie starr werden vor Entsetzen. In jedem Körbchen lag ein Kind, von Krankheit entstellt und noch viel jämmerlicher dran als sie. Als die ältere sich gefaßt hatte, schlug sie den Deckel wieder zu und stieß das Körbchen zornig durch das Fenster in den Fluß; das Kind starb. Die Prinzessin war seitdem völlig gelähmt.

Die jüngere Schwester ließ Mitleid mit dem Kind in sich aufsteigen. Trotz ihrer großen Schmerzen nahm sie das Kind auf und begann es zu pflegen. So gingen Jahre ins Land, und die Krankheit hatte sich nur wenig gebessert. Erbärmlicher noch aber war das Kind, sein Zustand hatte sich kaum geändert.

Genau sieben Jahre nach dem Tag, an dem der Alte die Körbe gebracht hatte, geschah etwas Unglaubliches. Die Prinzessin hörte das Kind jauchzen, und als sie in das Zimmer des Kindes trat, fand sie nicht das Kind, sondern einen gesunden prächtigen Prinzen. Dieser sagte zu ihr: „Ich war das Kind. Ich war gebunden, doch deine Liebe hat mich frei gemacht. Nun kann ich dich heilen." Er gab ihr einen Schluck zu trinken, und sie stand da in voller Gesundheit und jugendlicher Schönheit. Dankbar bat sie den Prinzen: „Laß mich den Rest meiner Schwester bringen, damit sie auch gesund wird." „Ihr wird der Trank nicht helfen, denn er findet in ihr keine Liebe", sagte der Prinz. Dennoch versuchte es die Schwester. Die andere trank gierig, wandte sich dann ab und knurrte böse: „Willst du mich vergiften?"

Da nahm der Prinz die jüngere Schwester mit sich in seine Heimat und machte sie zu seiner Frau. Und sie lebten glücklich und zufrieden.[43]

Ich wünsche Ihnen, daß Sie Mut und Kraft durch Ihre Umwelt erfahren, aber auch Verständnis, wenn Sie Wut und Tränen zeigen. Vor allem wünsche ich Ihnen, daß Sie bei aller Herausforderung immer wieder die Kraft finden, Ihr schweres Kreuz zu tragen und im Vertrauen auf Gott innerlich zufrieden und gesund bleiben.

Ein Segen Gottes soll die Zeilen an Sie und die Kranken beschließen:

Der Herr sei vor dir,
um dir den rechten Weg zu zeigen.

Der Herr sei neben dir,
um dich in die Arme zu schließen,
um dich zu schützen vor Gefahren.

Der Herr sei hinter dir,
um dich zu bewahren vor der Heimtücke des Bösen.

Der Herr sei unter dir,
um dich aufzufangen, wenn du fällst.

Der Herr sei in dir,
um dich zu trösten, wenn du traurig bist.

Der Herr umgebe dich
wie eine schützende Mauer,
wenn andere über dich herfallen.

Der Herr sei über dir,
um dich zu segnen.

So segne dich der gütige Gott –
heute und morgen und immer.

Dem hl. Patrick von Irland zugeschrieben

Anmerkungen mit Quellennachweis

* Fastenhirtenbrief 1978, dort in bezug auf die Pfarrgemeinde und die ihr Entfremdeten.

1 Vgl.: Heinz Perne, Frieden schaffen, Lahn Verlag, Limburg 1982.

2 Aus: Michael Ende, Momo, © 1973 by K. Thienemanns Verlag, Stuttgart – Wien – Bern.

3 © Chr. Kaiser / Gütersloher Verlagshaus, Gütersloh.

4 Rechte bei Maria Gutl.

5 Gekürzt nach Norman Vincent Peale, aus: Die Wirksamkeit positiven Denkens, © 1987 Oesch Verlag AG, Zürich.

6 Aus: Norman Vincent Peale, Die Wirksamkeit positiven Denkens, © 1987 Oesch Verlag AG, Zürich.

7 Aus: Adalbert Ludwig Balling, Lustige Leute leben länger, Herderbücherei, Freiburg ²1985. Rechte beim Autor.

8 Hier öffnet die Augen das Buch von Thorwald Dethlefsen / Rüdiger Dahlke, Krankheit als Weg. Deutung und Be-Deutung der Krankheitsbilder, Bertelsmann Verlag.

9 Leo N. Tolstoi, Die Kreutzersonate und andere Erzählungen.

10 Gefunden in: Hans Sedlmayr, Verlust der Mitte, Ullstein Verlag, Berlin 1955, S. 191.

11 Aus: Eva Hönick, Ein Tropfen im Meer. Miniaturen aus dem Alltag, Morstadt Verlag, Kehl / Strasbourg / Basel. Rechte bei der Autorin.

12 Aus: Max Bolliger, Weißt du warum wir lachen und weinen? Verlag Ernst Kaufmann, Lahr. Rechte beim Autor.

13 Aus: Anton Rotzetter, Gott, der mich atmen läßt, Freiburg 1985.

14 Nach E. Rucker, Symbolgeschichten, München 1975, S. 133 f.

15 Aus: Norman Vincent Peale, Die Wirksamkeit positiven Denkens, © 1987 Oesch Verlag AG, Zürich.

16 Rechte beim Autor.

17 Rechte beim Autor.

18 Aus: Heinz Schäfer (Hg.), Hört ein Gleichnis, ABCteam, 1977 by Christliches Verlagshaus GmbH, Stuttgart, S. 68.

19 Aus: Rudolf Otto Wiemer, Ernstfall. Gedichte, J. F. Steinkopf Verlag, Stuttgart ²1973.

20 Aus: Hubertus Halbfas, Religionsbuch für das 3. Schuljahr, Patmos Verlag, Düsseldorf 1985, S. 85.

21 Georges Hourdin, in: Marietta Peitz (Hg.), Von der Freude, ein Christ zu sein, Topos Taschenbuch 44, Matthias-Grünewald-Verlag, Mainz ³1983.

22 Aus: Norman Vincent Peale, Die Wirksamkeit positiven Denkens, © 1987 Oesch Verlag AG, Zürich.

[23] Aus: Lothar Zenetti, Sieben Farben hat das Licht, © J. Pfeiffer Verlag, München.

[24] Aus: Martin Buber, Die Erzählungen der Chassidim, Manesse Verlag, Zürich 1949.

[25] Aus: Behnke u. a., Kinder feiern mit, Lesejahr A, 1983, Bernward Mediengesellschaft Hildesheim.

[26] © Chr. Kaiser / Gütersloher Verlagshaus, Gütersloh.

[27] Rechte bei den Autoren.

[28] Aus: Max Rößler, Notausgänge. Trost für trübe Stunden, Don Bosco Verlag, München [2]1988, S. 110f.

[29] Martin Buber, aus: Martin Buber, Die Erzählungen der Chassidim, Manesse Verlag, Zürich 1949.

[30] Text: Georg Neumark 1657, Fassung J. S. Bach, siehe auch „Gotteslob" Nr. 295.

[31] Vgl. Karl Odermann, Morgen beginnt das Leben, Limburg.

[32] Stark gekürzt nach Wolfgang Altendorf, Die ganze Last der Erde. Rechte beim Autor.

[33] Darf ich Sie in diesem Zusammenhang auf die Selbstbiographie einer kleinen großen Heiligen, der Theresia von Lisieux, hinweisen, die unter „Geschichte einer Seele" als Taschenbuch (Thérèse Martin, Geschichte einer Seele, Johannesbund) erschienen ist? Sie hat unvorstellbare körperliche und seelische Qualen erlitten und wollte nicht einmal im Himmel Ruhe finden, sondern wieder auf die Erde zurückkehren, um den Menschen den „Rosenregen" der Liebe zu bringen. Auf sie trifft auch zu, was G. Bernanos vom Kampf Gottes mit seinem Widersacher in den Abgründen der Seele schreibt: Dieser Kampf spielt sich in jedem Menschen ab.

[34] Vgl. Luise Meuser, Gefülltes Alter – Erfülltes Dasein, Ober-Erckenschwick 1977.

[35] © Chr. Kaiser / Gütersloher Verlagshaus, Gütersloh.

[36] Wilhelm Müller, in: Österreichische Katholikenzeitung.

[37] Aus: Bernhard Honsel, Jeder Tag ein neuer Anfang. Zwölf Bußgottesdienste, Matthias-Grünewald-Verlag, Mainz 1981, S. 74.

[38] Aus: Lothar Zenetti, Die wunderbare Zeitvermehrung. Variationen zum Evangelium, J. Pfeiffer Verlag, München 1979, S. 40.

[39] Aus: Peter Bamm, Die unsichtbare Flagge, Kösel-Verlag, München [12]1982.

[40] Nach Kosova, Afrikanische Märchen, Prag 1975.

[41] © Chr. Kaiser / Gütersloher Verlagshaus, Gütersloh.

[42] Dr. P. Benedikt Probst OSB, Benediktinerregel, EOS-Verlag, St. Ottilien [2]1982, Kap. 36. 1–5.

[43] Gekürzt nach Hubert Peter, Michaelskalender.